JN059082

フェミニスト男子の育て方

Raising
Feminist Boys:
How to Talk with Your Child
about Gender,
Consent, and Empathy

ジェンダー、
同意、
共感について
伝えよう

ボビー・ウェグナー 著

上田勢子 訳

Raising feminist boys: how to talk to your child about gender, consent, and empathy
by Bobbi Wegner

Copyright © 2021 by Bobbi Wegner

Japanese translation rights arranged with NEW HARBINGER PUBLICATIONS, INC.
through Japan UNI Agency, Inc., Tokyo

序　文

　子育ての専門家として、また文化研究者として、私は親にとって最も深遠な経験は、別の視点から自分自身や世界を見られることだと深く信じています。そこから真の変化が生まれ、認識や価値観のパラダイムシフトが起こるのです。

　私たちが若かったころと比べて多くのことが変わりました。私も含めてたくさんの親に見られる傾向は、自分がよく知らないことに直面すると、無意識のうちに目をつぶってしまうことです。これは誰のせいでもありません。一般的な理由としては、そうした問題への取り組み方が分からなかったり、私たちが育つ過程でセックス、ジェンダー、テクノロジー、男子の特権といったことについて語られてこなかったことが挙げられるでしょう。

　本書は、私たちが生きている現代にまさにぴったりの内容です。私も本書を読んで、最近の男の子がどんなことに直面しているのか、ほとんど無知だったと気づきました。この本は、彼らの体験を実に様々なレベルで照らし出しています。私にとっても息子の視点で世界を見る助けとなりました。それがこの本から得た最も大きな収穫です。私も自分自身の認識や価値観が変わるのを体験しました。多くの親御さんも同じように感じることでしょう。この世界において、どのような行動が切実に必要とされているかを子どもに教え、模範を示すために、私も夫も重要な役割を担っていると気づかされました。この本はその方法を教えてくれます。

　本書は、男の子たちが今日直面している様々な状況や現実を明らかにし、光を当ててくれます。彼らは指針となる地図のない暗闇にいることが多いのです。男の子たちが、より良い明日に向け

て、新たな地へと進んでいくためには、強力な内なるコンパスを身につけなくてはなりません。そして私たちはその手助けをしなくてはなりません。話しにくい話題に「No」ではなくて「Know（知っているよ）」と言えるようになりましょう。

　巻末には、子どもとの会話に役立つ素晴らしいヒント集も用意されています。私も、息子と難しい話をするのに使い始めました。こういった話をするのは冷水に飛び込むようなものです。飛び込もうと自分を説得するのは大変ですが、一度飛び込んでしまえば、素晴らしい気分になって、良かったと思えるでしょう。正直なところ、私はこれまでになかったほど、息子に近づくことができたと感じています。飛び込んだことを誇らしく思います。まさに本書が私の背中を押してくれたのです。読者にも同じことをしてほしいと思います。本を開いて飛び込みましょう！

　著者のボビー・ウェグナー博士は、ハーバード大学の臨床心理学者であり、長年の診療経験を持っています。私が最も気に入っているのは、彼女の声がどのページからも聞こえてくることです。彼女自身の子育ての苦労を一人の親として直接読者に語りかけてくれます。それは科学と研究に裏打ちされた言葉です。最新の情報と研究に、彼女の謙虚さとユーモアが加わって、この本を現実味のある親しみやすい本にしています。

　目を背けずに、息子さんと対話する機会を見つけましょう。メディアやテクノロジーだけでなく、ラジオから流れてくる音楽を通しても会話ができるのです。今まで以上に世界が求めているのは、思いやりと知性と共感を兼ね備えた男性です。そんな男性に育つよう導くために、必要な対話を始めましょう。そのための可能性は思いの他たくさんあるのですから。

ジェシカ・ジョエル＝アレキサンダー

（The Danish Way of Parenting: What the Happiest People in the World Know About Raising Confident, Capable Kids［『デンマークの親は子どもを褒めない――世界一幸せな国が実践する「折れない」子どもの育て方』（鹿田昌美訳、集英社、2017）］の著者）

目次

第7章　男の子の世界観を広げて
　　　　共感を育てましょう　203

第8章　失敗したら関係を修復しましょう　227

イントロダクション

私が「フェミニスト男子」を育てる必要性に目覚めたのは、#MeToo運動が始まった2017年の秋でした。当時6歳だった息子のタイラーが、キッチンの床に寝転んでマインクラフト・ゲームをしていました。私は調理台に立って公共ラジオを聞きながら夕食を作っていました。我が家のごくありふれた光景でした。

　ラジオ番組の司会者が、ハーヴェイ・ワインスタイン（訳注：ハリウッドの映画プロデューサー）が有名女優など多くの女性にセクハラや暴行を行ったという疑惑について話していました。ワインスタインは、女性にマッサージしたり、自分の裸を見ることを強要したりしたことや、レイプなどの性的暴行で告発されていました。女性が抵抗すると、女優のキャリアの破壊から死に至るまで、様々な脅迫を行ったとされています。

　この時期には、他にも数多くの著名な男性が同様の行為で告発されていました。公共ラジオの司会者は、日に日に明らかになっていく事実の深さと広さに困惑し、社会がどのように、そしてなぜ性暴力を容認するような環境を作り出しているのかについて掘り下げていました。

　私は料理をしながら、こうした話の恐ろしさと不条理さに引き込まれていきました。女性の5人に1人がレイプやレイプ未遂の被害者であるという文化では、娘の幼稚園のクラスの、1人から2人がいつかレイプの被害に遭う可能性があるかもしれないのです！　私は臨床心理士としての仕事によって、性暴力が引き起こす深いトラウマについて熟知していました。

　私は、ワインスタインのような性犯罪者たちをなぜ社会のシステムが保護してきたのか、考え込みました。このごろ、連日のように、"善人"と思われていた著名人が「変質者」だったというニュースが流れました。「男というのは、そういう風にできているものなの？」と私は夫に向かって大声で叫びました。だから何十年もの間、こんな行為が許されてきたのだろうか……私は頭の

中が真っ白になりました。

　しかしその時、幼い息子が台所の床で耳をそばだてていることを思い出しました。計量スプーンを置いて急いでラジオを消そうとした時、ある考えが私を捉えました。「私たちも発育期の少年をかばっていないだろうか?」それは気づきの瞬間でした。私たちは、子どもに悲しいこと、性的なこと、不快なことが起きると、子どもを守るという名目で、大急ぎで子どもを保護しようとします。息子が無知なせいで、将来誰かが傷つくことになるのでしょうか?　それは、高校生の女の子?　あるいは、息子自身?　何か難しい問題が起こると、私たちは急いでニュースを消したり、子どもたちを部屋から追い出したりします。その結果、大切な話をする機会を失ってしまうのです。

　そんなことを考えながら私は自問し始めました。ワインスタインの母親はどうなんだろうか?　マット・ラウアー(訳注：元アメリカのNBC局の著名司会者)の父親は息子にどんなことを話したのだろうか?　チャーリー・ローズ(訳注：元アメリカのCBS局ニュースキャスター)の保護者は、このような話をしたことがあるだろうか?　文化から受け取るメッセージ以外に、彼らの親たちは、幼い息子たちに何を話してきたのか?　あるいは何を言わなかったのだろうか?　あなたも思い出してみてください。あなたが6歳から8歳ぐらいの時、あなたの親は、性的責任について何か言いましたか?　もし何か言ったとしたら、それはあなたをどう変えたでしょうか?　男の子は生まれながらにしてレイピストなどではありません。では、一体どのようにしてそういった人物は、私の息子のように愛すべき存在から加害者として非難されるようになったのでしょうか?　いつどこでそうなるのか、私はがぜん興味がわいてきました。

　現在、息子のタイラーとキャムは9歳と11歳で、認知能力と行動力の発達期の真っ只中にいます。この本にも書きましたが、

今私が息子たちに話すことは、実際に彼らの脳の発達を変化させ、生涯、彼らの心に残るでしょう。良くも悪くもドアは大きく開かれています。私は息子たちの前頭前野の最前列に座っているようなものなのです。私の声は今とても重要です。そう考えた瞬間、息子たちに伝えたいメッセージが私の中で明確になりました。

　私は調理台に戻り、ラジオをかけ続けました。私は手を握りしめて、言うべきことを静かに組み立てていました。そして勇気を出して、こう問いかけました。「ねえ、タイラー、ラジオ聞いてる？　この有名な映画プロデューサーは、不適切なことを言ったり、女性が触れられたくない時に無理矢理触ったりしたのよ。それが大きな問題になって、彼は多分刑務所に行くことになるのよ」

　長い沈黙の時間がありました。タイラーがこのことを学校の友だちに話す様子が目に浮かびました。「あなたは一体自分の子どもにどんな話をしているんだ？　あなたの子どもは私の子どもに何を言ったの？」と電話で親御さんが私を責めるのを想像しました。

　ようやくタイラーが頭を上げて私を見ました。別段ショックを受けたわけでも傷ついたわけでもなさそうです。そして彼はこともなげにこう言ったのです。「え？　それって法律違反なの？　トランプ大統領もやったんじゃないの？」

　私は戸惑いました。

　政治的な発言をするためにこの本を書いているわけではありません。私たちのコミュニティに根付いているメッセージに問いかけるために書いているのです。この時私は、自分の不快感を押し除けてでも、将来の男性である息子たちと、こうした話を前面に押し出して対話する必要性をはっきり認識しました。

　そこで私はタイラーに、「たしかにそうだね。トランプ大統領も良くないことを言い、良くないことをしたよね。それは決して

許されることではないのよ。うちでは、そんなことは絶対にしません。パパも私も決してしません。そして、あなたも絶対にしてはいけません。分かった？」

タイラーは「はい、ママ」と言って、ビデオゲームに戻り、こう言いました。「ママ、今日の晩ごはん、何？」

なぜこんなことになったのでしょうか？

親として私たちのなすべきことは、子どもに性的責任について話すだけではありません。子どもたちは、私たちが承諾できないような多くのメッセージに日々さらされています。それは子どもの発育中の脳や性格に組み込まれ、将来の言動を形成することになります。文化的メッセージの問題の根底にあるのはジェンダー不平等と、私たち、特に少年や男性が、少女や女性をどのように見ているかということです。

伝統的なジェンダー規範は、子どものころに植え付けられ、大人になってからも引き継がれます。調査によると、多くの男性の中には「女性の方が面倒見がいい」「女性の方が人づきあいがいい」といった**善意の性差別**が蔓延していることが分かっています。これはあからさまな性差別ではありませんが、採用の決定、教授の評価、女性がどのような役割を担うために採用されるか（つまり、リーダーのポジションを得ることが少ない）にも影響を与えます[1]。こうした考え方は、10歳までにある程度固まってしまうので、早めの介入が必要です[2]。ジェンダー化された行動が形成されるだけでなく、健康への影響もあります。ジェンダーの期待に応えようとすると、女の子は落ち込みやすくなり、学業を早々に切り上げ、暴力にさらされる傾向も大きくなると言われています[3]。男の子は、暴力をふるったり、薬物乱用の傾向が強かったり、平均寿命が短かったりします[4]。

どうすれば子どもたちのために、こうした状況を変えられるでしょうか？　まず第一に、子どもが小さい時から、親が自分たちの言動に注意を払う必要があります。親として、私たちは自分の親から受けた子育てを、常に再現したり反応したりしています。**再現**とは、意識的であろうとなかろうと、親のやり方を踏襲することで、性的な無責任のような有害な文化を永続させることがあります。**反応**とは、異なる結果を得るために意識的に違うことをすることです。子育ては、社会を変える最も効果的な手段です。だからこそ、自分の中にある伝統的なジェンダー規範に対する認識を高め、それに反応する決意が必要なのです。

　私が好きな言葉の一つに、臨床健康心理学者のジョージ・エンゲルの言葉があります。「自分が立っていると思う場所が、自分が見ていると思うものを決める」という言葉です。私のアメリカの白人の息子たちが、特権的な立場にいるとしたら、彼らにレンズの外にあるものをどうやって見せればいいのでしょうか？

　白人男性の特権とは、警察に止められる恐怖や不安を感じずに夜道を歩くことです。白人男性の特権とは、パーティや会議で、自分の発言が優先されることです。重役室を訪ねると、自分と同じような顔が揃っていて心地よい雰囲気の中で話を聞くことができます。人種、ジェンダー、階級に基づいて判断されたり、ステレオタイプ化されたりすることなく、人生を歩むことができるということです。それは、より権力のある場所への、見えない招待状なのです。

　私の息子たちは特権を与えられ、そのガラスを通してすべてを見ているのです。そうならないように心を砕き努力をしても、私自身の家で、すでにジェンダー不公平の芽が出始めているのを目の当たりにしています。非常に恵まれた特権的な環境で育つ２人の息子が、将来、とてもいやなアメリカ人になるのではないかと思うと、無念で心配でなりません。でも私は、いいえ**私たちは、**

私たちの小さな少年たちに目を向け、彼らに影響を与えられるのです。次の世代となる息子たちを、私たちは18年間も家庭で囲っているのですから。

　私は白人女性として、世界における自分の特権や立場を理解しようと努力を続けています。また、心理学者として、暴行、差別、女性蔑視などの痛ましい話を常に耳にしています。息子たちには、すべての人に開かれた、愛に満ちた、誰をも受け入れる文化を作ってほしいと願っています。皆さんもそうでしょう。私たちは、沈黙は暴力に等しいと知っています。この闘いの主な武器は私たちの声です。一緒に使おうではありませんか。

この本がお手伝いできること

　フェミニスト男子を育てると決意しましょう。フェミニスト男子とは、すべての人の平等を信じる子どものことです。共感と高い自己認識を持ち、すべてのコミュニティにおける不公平や不平等に敏感な男の子です。発達段階に応じた、自分にできる方法で、積極的に声を上げ、変化を起こそうとする男の子です。

　この本には、あなた自身の内在化した偏見を理解するためのツールもあります。さらに、あなたの息子さんが道徳的、認知的、人格的にどのような発達段階にあるかを理解するツールも用意されています。共感、主張、思いやり、行動について話し合うための言葉や枠組みも紹介されています。何よりも大切なのは、自分自身を好きになれる男の子を育てる方法がこの本で学べます。自分は理解されている、愛されていると感じられる、意識の高い思いやりのある男の子として育つことは、最も健全なことです。そんな男の子たちは、すべての人にとっての最高の味方となり提唱者ともなるでしょう。

　私たちはお互いから学ぶことができます。そこで読書会の

ためのヒントやその他のリソースに無料でアクセスできる資料（https://www.akashi.co.jp/files/books/5612/5612_raising-feminist-boys_siryou.pdf）を用意しました。大きな社会的変化を達成するためには、私たち個人の努力が必要です。

　子どもたちは皆、フェミニストとして、他者への愛と理解を心に抱きながら、高い意識を持って生きることができます。私たち親の義務は、子どもたちが心のコンパスをしっかり身につけ、次の世代のために今までとは異なる物語を描けるようにすることです。そのための最善の方法は、社会が子どもたち、特に息子たちに与え続けるメッセージを変えることです。

　共にこのユニークな視点を探究し、自分の歴史を通して学んだことを男の子たちへ教えていこうではありませんか。この問題に一緒に立ち向かいましょう。違和感やぎこちなさを感じても、知識がなくてもいいのです。それを乗り越えましょう。それらは、すべての人にとって公平な環境を作るために必要な代償なのですから。私たちには、良い男性を育てるだけでなく、私たち自身、私たちの国、そして世界の未来を形成する責任があります。子育ては社会を変える原動力です。男の子たちを通して、世界をより良い場所にしていきましょう。

第1章
あなたから変化を起こしましょう

あなたは、よく考えずに衝動的に子育ての旅を始めたのかもしれませんね。あるいは、マザーバッグに何を詰めればいいのか、子どもが熱を出しているかどうかはどう見分けるのか、最初の離乳食は何がいいのか、といった子育てマニュアルを読みながらの旅かもしれません。でも、子育てに最も影響を与える部分に焦点を当てて、子育ての旅を始める人はほとんどいません。その部分とは、自分自身です。

　何かを変えようと思ったら、自分自身から始めましょう。するとそれが子どもへ、コミュニティへ、そして世代へと伝わっていきます。そのサイクルが分かっているのにもかかわらず、私たちは子どもに「親のまねをするのではなくて、親に言われたように行動する」ことを期待します。子どもは親の態度や感情表現や行動を観察し、モデルにして学んでいくのです[5]。

　皮肉なことに、私たちは未だに、意識的にせよ無意識にせよ、男女で異なる扱いをするという罠に陥っています。この傾向は、根本的にジェンダー不平等と性暴力の文化を永続させるものです。残念ながら、バービー人形を遠ざけたり、子ども部屋をジェンダー・ニュートラルな色に塗ったりしても、この深刻な問題の解決にはなりません。自分の家族や社会に本当の変化をもたらすためには、まず自分自身を理解し、自分のジェンダーバイアスや、家庭の内と外でどのようなお手本を示しているかを理解しましょう。

　この章を、自分自身を省みて、自分がどこから来たのか、今どこにいるのか、そして、どこに行きたいのかを知る機会にしてください。そうすれば男の子をより意識的に育てることができます。親にはお手本を示す力があります。あなたの得た洞察はあなた自身の内面の世界から、より大きな家族のダイナミクスへ、そして社会へとつながっていくことでしょう。

　「フェミニスト男子を育てる誓い」のフォームを https://www.

akashi.co.jp/files/books/5612/5612_raising-feminist-boys_siryou.pdf
からダウンロードして署名することをお勧めします。これは私が
この問題に真剣に取り組んでいることを示すものです。それはこ
れから、大きな努力をしようという意思の約束です。変化はあな
たから始まるのですから。

モデリングは重要なだけではありません。不可欠なのです

　私たちが多くの場合無意識に行う基本的な行動を、子どもたち
は見てまねします。良いことも、悪いことも、醜いことさえも、
子どもたちは見て繰り返すのです。家庭では、親、保護者、きょ
うだい、親戚、親しい人たちの行動をコード化してコピーします。
外の社会では、教師やコーチや政治家、テレビのキャラクター、
メディアに登場する人たち、友人などを観察して学びます。こう
した人たちの行動が「ポジティブ」か「ネガティブ」か、健全か
有害か、親切か不親切か、社会にとって有益か、孤立主義的か、
といったことに関係なく、子どもたちはそれを模範として従うの
です。認知、社会、行動の影響の継続的で相互的な関係によって、
人間の行動が形成されます。
　私たちの多くは、大きな穴の開いた地図を持って子育ての旅に
出ます。そして時には、「子育ての国」の中の意図しない場所に
迷い込んでしまいます。そういう時、「経験」という箇所にぽっ
かり穴が開いているため、私たちはすでに知っていることから情
報を得ようとします。それは、自分の子ども時代の思い出や、親
が示した子育てのお手本といった、自分が知っている唯一の体験
からの情報です。忘れたい子ども時代を繰り返さなくてはならな
い運命なのか、と怖気づくかもしれません。でも心配ありません。
この章で紹介する意識的な自己反省によって、あなたは過去のト

ラウマを繰り返さないという**選択をする**力を得ることができます。

　最善を尽くしても、家庭内のすべての要因をコントロールするのは不可能ですし、そこには長年続いてきたジェンダー役割という要因もあります。たとえば、我が家の家庭生活と仕事のスケジュールは、私が料理担当ということに基づいて立てられています。常にそうなのです。料理は楽しいし、自分でも選んでしています。でも、それによって、私の息子たちや娘が、妻や母＝料理と考えてしまうだろうということも分かっています。

　自分がそんなメッセージをお手本として送っていることに、私は気づいています。しかしこの章で後述するように、そのことに気づき、明らかにし、話し合えば、子どもたちは、家庭で料理ができるのは女性だけだとか、女性がすべきだとかという考えを持たなくなるでしょう。

　意識的なモデリング（訳注：心理学用語で、何らかの対象物を見本として、同じような動作や行動をすること）の初期ステップは、次のようなものです。

1. 自分が発しているメッセージを意識する
2. それが自分の価値観とどう一致しているかに焦点を当てて考える
3. 息子に何を教え込みたいかを決める

　自分自身の育てられ方に従うような自動操縦の子育てをする必要はありません。男の子たちがすべての人に思いやりと愛情を持ち、女性を対等な存在だと考え対等に接することのできる男性に成長するために、親がどうモデリングするかを意識的に選択すれば良いのです。

自分にあるかもしれない偏見のタイプを知りましょう

　言動には注意を払うべきですが、私たちの心理や社会化された傾向がその障害になることがあります。よく見られるのは、偏見によってお互いをステレオタイプ化することです。息子のタイラーはユーチューバーや10代のゲーマーに夢中です。彼らは現代のエルビス・プレスリーやジョン・レノンのような存在です。派手できらびやかなルックスで、巨大なネックレスをぶら下げて有名ブランドのスニーカーを履いています。先週タイラーが私にこんなことを言いました。「ママ、耳にピアスしに連れてってよ」

　私は理解を示しつつ、こう言いました。「ピアスがクールだと思うのはよく分かるよ。でももう少し大きくなるまで待とうよ。ピアスは永久的なものだから、もっと大きくなってから選択してほしいの」

　すると彼はすかさず言いました。「ママは性差別主義者だよ。妹のイブがピアスしたいと言ったら連れてくでしょ？」

　まったくそのとおりです。実際、娘にピアスを勧めたことが何度かありましたが、彼女は針が怖いからと嫌がっていたのです。私は息子に矛盾を指摘されて戸惑い「そうね、考えてみるわ」と告げました。

　私たちが決断を迫られると、脳は近道を探し、できるだけ効率的に働こうとします。これは人間が生存し続けるための進化の特性です。そのため、私たちは人を仕分けして頭の中のバケツに分類してしまいます。これをステレオタイプと呼ぶことがあります [6]。この時の私は、ピアスというものを、女の子というバケツに入れてしまっていたのです。

　また、よくある偏見の例に、「女性は家庭を守るのに適していて、父親は外で働くのに最も適している」というものがあります。

ハーバード大学が 2005 年から 2015 年にかけて 20 万人規模で行った調査によれば、男性は仕事に、女性は家事に適していると思う人が 76% もいるといいます⁽⁷⁾。

他者について憶測をする時、私たちは脳にショートカットを作っているのです。ハーバード大学の調査を例に見てみましょう。もし私がある女性を「主婦」、ある男性を「稼ぎ手」と分類したら、その人たちと話さなくても、それぞれからどんなことが期待できるかが確実に分かります。女性は思いやりがあり、面倒見が良くて、安全でしょう。男性は決断力と支配能力があり、気力に満ちているでしょう。このような頭に浮かぶ特定の形容詞は、私たちの過去の経験から来ているのです。

もっと一般的な心の中のバケツについて話しましょう。女の子はピンクが好きで、やさしくてデリケート。男の子は青色が好きで、活動的で強い。「だって男子と女子はそもそも違うから」と多くの人が言うでしょう。それもある程度は本当ですが、脳の90% は男女とも同じなのです⁽⁸⁾。そこからもジェンダー役割が主に社会的に構築されたものだと分かります。

こうした固定観念や偏見には暗示的なものと、明示的なものとがあります。

　　暗示的偏見：自分が持っていると必ずしも気づいていない、あるいは自覚していない、そして意識的にコントロールできない固定観念⁽⁹⁾。

たとえば、ある母親が、「夫も同じくらい子育てがうまい」と人前で言ったら、それは意識下では、「自分は女性だからもっとうまい」と思っているというようなことです。心の奥底で「子どもを胎内で育てたのは私なんだから、子どものことがもっと分かっている。だから親としてもより優れている」と思っているか

もしれません。これは男性と子育てに対する暗示的偏見です。

　まったく善意からであっても、人々は無意識にこんなことをしてしまうのです。あなたの脳は、別に意地悪や不公平なことをしようとしているのではありません。ただ単に効率的であろうとしているだけです。自分が親や家族から学んだ過去の情報を使って現在の情報を推測し、彼らの世界観を再生し、あなたの目の前の人や状況に押しつけているのです。

　　明示的偏見：自分が持っていると分かっている意識的な
　　固定観念[(10)]。

　先に挙げた私の例で、正しいのは息子タイラーでした。私は、ただ単にジェンダーに基づいて、耳にピアスするという彼の行動を許さなかったのです。それこそが性差別です。タイラーは男の子だから、ピアスは「ノー」。イブは女子のだから、ピアスは「イエス」。これは私が気づいていなかった暗示的偏見でしたが、タイラーに指摘されてからもまだ反対し続けたことによって、明示的偏見となったのです。

　明示的偏見が危険なのは、人々がこうした偏見を有効であると認識して正当化することがよくあるからです。すると、他者を不当に、暴力的にすら扱うことを正当化しやすくなってしまいます。意識的な偏見が自動的に起こり、意図的なレイシズムや差別となって表れることがあります。しかしありがたいことに、それが分かっていれば立ち向かうことができます。それには時間と内省が必要です。簡単ではありませんが、可能なのです。

　暗示的偏見は気づかないため陰湿な影響を及ぼします。**暗示的**と言われるゆえんは、それが形成されていくのに気づかないからです。こうした信念は、過去の体験や周囲の人の態度に基づいて、時間をかけてゆっくり形成されます。立ち止まって、その考えが

正確なのか、どこから来たものなのか、そしてそれによって他者が傷つくかどうかを振り返ることなく、無意識のうちに他者を分類しステレオタイプ化することによって、暗示的偏見は有害で危険なものとなり得るのです。

　でも、それは脳がしていることだと受け入れましょう。自己認識と自分への思いやりを持ってください。あなたには相反する感情が起こるでしょう。自己認識ができるということは、反応の仕方の選択ができるということです。

　ここで、ハーバード大学が作成した簡単なオンラインテスト（https://implicit.harvard.edu/implicit/takeatest.html）を通じて自己認識を深めることもできます [11]。このテストによって、暗示的偏見が意識化され、本書に書かれている対処法を実践できるようになります。自己認識によって、これまでと違う選択ができ、自分の言葉に細心の注意を向け、子どもたちとも話し合えるようになるでしょう。

　テストをしたあとで、暗示的ジェンダーバイアスがどのように現れたかを考えてみてください。たとえば、こんなことを言ったり考えたことはありませんか？　「男性はより荒っぽく攻撃的だ」、あるいは「女性はより感情的でドラマチックだ」のように。ジェンダーをある行動の言い訳にしたことはありませんか？　「男の子なんだからしかたない」「彼女は生理中だから」のように。これはジェンダーバイアスなのですよ。私たちは、幼いころから男の子と女の子を別々のバケツに仕分けしているのです。

　この問題を単純化して、単に偏見を認めるだけでは解決になりません。それよりも、自分が複雑な存在であることを認識しましょう。私たちはジェンダー平等を推進しながら、**同時に**性別主義者でもあり得るのです。自分に自動的に性差別的な思考が起きることに気づけば、対応を選択することができます。思考は神経の点火でしかありません。思考が言葉や行動になる必要はないの

です。

　ジェンダー・ステレオタイプに気づいた時の対応方法をいくつか紹介しましょう。

- 小学4年生の息子さんがピンクが好きだと言ったら、新しいピンクのぬいぐるみを買ってあげましょう。
- あなたの職場の役員が全員男性であることの弊害について、夕食時に子どものいるところで話しましょう。
- 男の子はサッカーやフットボールをしたがると自動的に思い込まずに、乗馬やダンスやアートなどを課外活動として勧めてみましょう。
- 「それは女の子のすることだよ」と息子さんが言ったら、なぜそう思うのかと尋ねましょう。
- ジェンダー化されない役割を家庭で行いましょう。ママが芝生刈りや野球のコーチをしたり。パパが夕食作りや、子どもの髪を結ったり、膝の擦り傷の手当をしたり。

子育ては一人ひとり違います

　私はアイルランド系カトリックの家庭で育ちました。その育てられ方についての恥や罪悪感を思い出すこともありますが、それ以前に、自分の子ども時代をつい理想化してしまっていることに気づくことがあります。自分の子どもにはそんなことは望みません。私の子育ては、私の育てられ方とは違いますが、それでいいのです。変わり続ける世界で、変化する規範に適応した子育てをしてもいいのです。それは健全とすら言えるでしょう。今は違う時代です。世代による違いを理解し、私が子ども時代から受け継いできた子育ての地図について理解することが私の責任なのです。私は意識を持って子育てをすると決心しています。私が子どもの

時から背負ってきた荷物と、今行っている選択とを検証すべきだと思うのです。

「反省がなければ、往々にして歴史は繰り返され、親たちは不健全なやり方を子どもたちに伝えてしまう怖れがあります」[12]

再び繰り返しますが、子ども時代の経験の多くは意識していなくても、私たちのコミュニケーションや行動や感情表現に表れます。たとえば、「女の子は男の子より数学が苦手だ」とか「男の子みたいに強くない」と冗談で言ったりするかもしれません。そうしたメッセージが私たちの心の奥に深く埋め込まれているからです。そして子どもたちに与える影響が、ジェンダー不平等の文化を誤って永続させることになり、それは何年かして性暴力となって表れます。だからこそ、自己省察はするかしないか選べるものではありません。社会を変えるための手段なのです。自分を振り返ることをしなければ、時代遅れで偏った価値観が、知らず知らずのうちに世代から世代へと引き継がれてしまいます。

子どもたちとどんなコミュニケーションをするかが、彼らの社会的、感情的、知的、認知的な発達に大きな影響を与えます。私たちの過去は、過去に留まるわけではありません。もちろん、子どもの成長には気質、遺伝、健康状態、経験など、様々な因子がかかわっています。しかし親として子育ての方法はコントロールできます。子育ての時間の50%ほどで正しいことができていれば「十分」だ、と科学的に言われています[13]。つまり次世代の男性を前向きに育てることができるのです。

研究によれば、子育ての方法を決める上で最も重要なことは、自分に起こったできごとではなく、幼少期の経験の理解の仕方だと言います[14]。自分について知り、子どもにどんな影響を与えるかを知ることがゴールなのです。自己理解を深めることで、意識的、かつ情報に基づいた視点で子育てができるようになるでしょう。自己理解によって、理性、内省的で相互的なコミュニ

ケーション、共感、倫理観に導かれた対応が促進されます⁽¹⁵⁾。

　タイラーが耳にピアスをしたいと言ったことを振り返って、深く考えました。私は、保守的なアイルランド系カトリックの家庭で育ちました。幼いころ、「左がストレートで、右はゲイ」という言い方に惑わされて、左右どちらの耳にピアスをしているかで誰がゲイかを判断していました。ピアスをいくつもあけるのは、はしたないと言われていました（現在私はピアスを5つあけていて、90年代に、へそピアスをした時の跡まで残っています）。したがって、タイラーは私がある部分では規範に挑戦的であっても、ある部分では、ジェンダー化された規範的なメッセージを永続させていると思っています。私自身が当惑しているように、彼も混乱しているでしょう。私がはじめにタイラーに言ったことは今も私の中に残っていますが、私はそれに根本的に賛同しているわけでもありません。この矛盾を認めて、両方の感情を持ちながら、より深い理解が得られることを私は望んでいます。自分を批判することなく、内省したいのです。

自分の偏見について理解しましょう

　以下の自己内省エクササイズは、自分自身や子ども時代に受けたメッセージについて理解したり、それらが現在の子育てにどんな影響を与えているか、そしてそういった情報が目指す方向性にどう影響するかなどについて、より深く理解するために役立ちます。質問は、ジェンダー観、価値観、感情表現、仕事の分業、役割など、偏見を検証する際に現れやすいテーマに分けられています。

　あなたの過去、現在、親としての将来のゴールを記録してみましょう。オープンに自由に、そして正直に書きましょう。自分にやさしく、自分に合うペースで行いましょう。良し悪しの判断は

せずに、質問について少しずつ書き進めてください。認識を高め
て自分の過去と現在を結びつけることが目的です。そのためには
思考と検討と振り返る時間が必要です。しっかり理解するために
時間をゆっくりかける方が良いのです。

エクササイズ 1
過去を振り返りましょう

　子どものころからどれほど学んで変わったとしても、あなたの頭の中には、きっとまだ過去の声が残っているでしょう。その声は時を超えて、意識的に、あるいは無意識に頭の中で響き続け、好むと好まざるにかかわらず、あなたに影響を与えています。あなたと息子さんの将来のための選択をする最も良い方法は、記憶を深く掘り下げて、そうした声を意識することです。さあ、ノートを開いて始めましょう。

全体的なジェンダー観

　あなたの育った家庭、もしくは子ども時代を過ごした場所を思い出しましょう。年齢や場所にこだわらず、思いつくままでいいのです。そのころ、あなたの人生で最も重要な家族は誰でしたか？

　そのころの家族を想像して「男の子はどう振る舞うべき？」と尋ねてみましょう。家族一人ひとりの答えを想像して書きましょう。その答えについて、あなたの感じたことも書いてください。

　次に「女の子はどう振る舞うべき？」と尋ねて、家族一人ひとりの答えと、それについてのあなたの気持ちを書きましょう。

　自分や家族の答えを判断しようとせず、ただしばらく受け入れていましょう。考えだけに注目すればいいのです。その考えは、あなたが親戚や友人や教師からジェンダーについて聞いたこととは一致していますか？　あなたの答えを書きましょう。

さらに調べてみましょう

　こうしたメッセージの背景にはどんな影響がありましたか？価値観、家族に受け継がれてきたレガシー、宗教、文化遺産、そ

の人の個人的な歴史などでしょうか？　他にもあれば、書いてみ
ましょう。

あなたのジェンダーを周囲はどう見ていたでしょうか？

　子どものころ、あなたが自分のジェンダーを意識した経験を思
い出してみましょう（周囲からどう見られていましたか）。男の子な
ら、妹と仮装ごっこをしていて、お父さんに「スカートは女の子
のものだから、男の子は、はいてはだめだよ」と言われたことは
ありませんか？　女の子なら、女の子は慎み深くしなくてはなら
ないから、もっと「おしとやか」にしなさいとか、「膝を閉じて
座りなさい」とかと言われたことはありませんか？　そんな時、
どんなことによって自分のジェンダーを意識しましたか？　次の
質問に答えましょう。

- あなたに話していたのは誰ですか？（誰かが話していたとし
  たら）
- どんなことに気づきましたか？
- どんなメッセージを受け取りましたか？
- そのメッセージはあなたをどんな気持ちにしましたか？
- そのメッセージは、あなたを肯定するものでしたか？　否
  定するものでしたか？
- その時の他者の認識と、あなたの認識が違っていたら、ど
  う感じたでしょうか？
- そのメッセージは、あなたが子どものころに受けたジェン
  ダーや行動の仕方に関する他のメッセージと同じでした
  か？

価値観について

　幼いころの記憶を思い出してみましょう。判断しようとせずに、

記憶が思い起こされるままにしておきましょう。そして次の質問の答えをメモしながら、自分の幼少期についてもっと深く考えてみましょう。

- その経験はどんな形容詞で表せますか？（悲しかった、楽しかった、意欲を失った、サポートしてもらえた、腹が立った、がっかりした、など）
- その思い出に登場するのは家族の中の誰ですか？
- 家族のどんな価値観が表れていましたか？
- 全般的に、あなたの家族にとって最も重要な3つの価値観は何でしたか？
- ジェンダーがその価値観に影響していましたか？　もしそうなら、どのように？
- お母さんがあなたに大切にしてほしいと願ったのはどんな価値観でしたか？　お父さんはどうでしたか？　他にあなたの世話を一番にしてくれた人は、どうでしょう？
- お母さん（もしくはお母さんの役割をしてくれた人）と、あなたとの関係はどのようなものでしたか？　お父さん（もしくはお父さんの役割をしていた人）とでは、どうでしょう？　お母さんとの関係と、お父さんとの関係は同じでしたか、違いがありましたか？　それらの関係にはジェンダーが影響していましたか？

感情表現について

　あなたの育った家庭、もしくは子ども時代を過ごした場所を思い出しましょう。年齢や場所にこだわらず、思いつくままでいいのです。そのころ、あなたの人生で最も重要な家族は誰でしたか？　あなたの家庭で、感情はどのように表現されていましたか？

- 家庭内で家族は感情を表していましたか、それとも抑制していましたか？
- 家族は、怒りや悲しみや喜びや興奮をどのように表していましたか？
- 家族の気持ちを、あなたはどのように知っていましたか？
- あなたの家族は、感情を表す家族でしたか？　もしそうなら、それはあなたにどんな影響を与えましたか？　そうでない場合は、あなたはそこから感情についてどんなことを学びましたか？
- 異なる感情はどのように受け取られていましたか？　たとえば、あなたの悲しみや怒りは、どう受け止められましたか？
- 両親は、あなたの気持ちに対して同じような、あるいは異なる反応をしていましたか？　それはどうやって？
- あなたやきょうだいは、そのジェンダーによって、感情の表し方や受け止められ方が異なっていましたか？　また感情の抑制や許容に、ジェンダーの影響はありましたか？　あったとしたら、どのような影響ですか？　なぜあなたはきょうだいと違う扱いを受けたと思いますか？

仕事と役割の分担について

　あなたの子ども時代の家庭の典型的な場面を、自分や他者を批判しようとせずに、ただ思い出してください。なぜ家族がそんなことをしていたのか、その理由に興味を向けてみましょう。気づいたことを文字や絵で表してみましょう。

- みんなはどこにいますか？
- お母さんは何をしていますか？　お父さん、おばあさん、お姉さん、弟、おばさん、おじさん、いとこは、何をして

いますか？

● みんなは、ジェンダーの期待に添った行動をしていますか？

● 女性は典型的な女性の役割（料理、掃除、子どもの世話、食事の世話、裁縫、なぐさめたり、家族の仲を取り持ったり）を果たしていますか？

● 男性は男性のステレオタイプに従った行動（バーベキュー、芝刈り、家や車の修理、決断をしたり家族を罰したり、スポーツをしたり見たりといったこと）をしていますか？

● そうした行動は、本人が選んだものですか？

● 指示を出しているのは誰ですか？

● 違うことをしたがった人はいませんでしたか？　もしいたら、それは誰ですか？　なぜそうしなかったのでしょうか？

● ジェンダーへの期待がみんなの活動にどのような影響を与えたでしょうか？

エクササイズ2
現在の自己認識を高めましょう

　子どもと話をしていて、思いがけない瞬間に、「あ、まったく自分の母親と同じことを言ってる！」と感じたことはありませんか？　あなたは10代のころずっと、母親みたいにだけはなりたくないと闘ってきたかもしれません。それなのに、今あなたはまるでお母さんのようなことを言ってしまいました。このエクササイズでは、あなたの子ども時代、両親の価値観、あなたが見て育った家族のジェンダー役割が、今のあなたの世界観にどのような影響を与え、どう形作ってきたかを探っていきましょう。

子ども時代の影響

　自分の子ども時代が、大人になってからの人生にどんな影響を与えたかを振り返ってみる時が来ました。好むと好まざるとにかかわらず、私たちの過去は私たちの現在を形作っているのです。前に進むためには、過去と向き合って、いくつかの困難な質問を自分に投げかけなくてはなりません。次の質問の答えを文字や絵でノートに記しましょう。

- あなたの子ども時代は、あなたの人生に良い影響を与えましたか？　悪い影響ですか？　その両方でしょうか？　どのような影響ですか？
- 子どものころの経験が、どのようにあなたの子育ての考え方を作っていますか？　それは良い意味ですか、悪い意味ですか、その両方ですか？
- 自分の期待どおりの子育てができていますか？　もしそうなら、どのように？　そうでない場合は、どんな影響があったせいだと思いますか？

- あなたが違うジェンダーだったら、今とは違う子育てをしていたと思いますか？
- あなたが子ども時代から、大人になるまで持ち続けている価値観は何ですか？
- あなたの子どもに植え付けたい上位 3 つの価値観は何でしょう？　その 3 つを選んだ理由は何ですか？
- その価値観はあなたが子ども時代に学んだものですか？
- 今、それを積極的に子どもに植え付けようとしていますか？　もしそうなら、どのようにして？　そうでなければ、何があなたをそうさせないのでしょうか？
- それらの価値観は、息子と娘では異なりますか？　それらの価値観は、ジェンダーによって左右されるものですか？　もしそうなら、どのように左右されるのかを考えてみましょう。

ジェンダーについての家族の価値観

　あなたの子どもと家族について考えてみましょう。年齢や場所にこだわらず、思いつくままでいいのです。次の質問の答えを書きましょう。

- 男の子はどのように振る舞うべきだと思いますか？
- 女の子はどのように振る舞うべきだと思いますか？
- そうした信念についてどう思いますか？　あなたが男女の子どもたちに期待する言動の共通点と相違点について、どう感じますか？
- あなたはその信念を、言葉や行動で、どのように子どもに伝えますか？
- 男の子にはやってはいけないことがあると思いますか？　女の子ではどうでしょう？　もし、あると思うのなら、男

女の行動に制限を加える理由は何でしょう？

　さあ、振り返って気づいてください。判断しようとせずに少しの間、自分の考えや気持ちを観察してみましょう。そして気づいたことを書いてください。

- あなたが送っているメッセージは、今あなたが子どもに望んでいることと一致していますか？
- あなたは、息子と娘や、姪と甥に、性別によって異なるメッセージを送っていますか？　それとも同じことを期待していますか？
- あなたのメッセージは、子どもが、友だち、学校、家族、コミュニティ、文化、宗教などから受けているメッセージと同じでしょうか？　あなたの息子さんの人生にとってその他の重要な影響は何でしょう？
- 子どもとのコミュニケーションで変えたいと思うことはありますか？　それは何ですか？

　次は息子さんのジェンダーを意識した時のことを思い出してください（娘さんがいれば、同じように思い出してみましょう）。息子さんが髪をのばしていたので、誰かに女の子だと思われたというような単純なことかもしれません。あるいは、息子さんのジェンダーによって、周囲の人の息子さんに対する言動が違っていたということがあったかもしれません。

- 誰かに何かを言われたとしたら、それは誰からでしたか？
- どんなことに気づきましたか？　そこにはどんなメッセージが含まれていましたか？
- あなたはどんな気持ちになりましたか？

- あなたの子どものジェンダーは肯定されましたか？　否定されましたか？
- 人と違っていたり、グループに入れないということで、目立っている子はいませんでしたか？
- そのメッセージは、人生において子どもがジェンダーや行動の仕方について受け取る一般的なメッセージと同じですか？
- こうした人とのやりとりは、あなたの価値観や、子どもに望むことと一致していましたか？
- 一致していないのなら、息子さんのために何かを変えるために、どう言えば良かったと思いますか？　それはどんなことですか？

さあ、今度はあなたと息子さんの関係についても考えてみましょう（娘さんの場合でも同様です）。

- あなたと息子さんの関係はどのようなものですか？
- あなたのパートナーと息子さんの関係はどうでしょう？
- それらの関係は似通っていますか？　違っていますか？　なぜでしょう？　ジェンダーによるものですか？　もしそうなら、どのように違いますか？　それはなぜでしょう？
- それらの関係をより公平にするためにあなたがしたいと思うことはありますか？
- そのことは、現在、そして将来、子どもやパートナーとの関係にどんな影響を与えるでしょうか？

価値観と感情表現について
現在の家族と家庭環境について考えてみましょう。

- あなたの家族には誰が含まれていますか？（祖父母、住み込みのベビーシッター、親しい友人など）
- 家族の価値観は何ですか？
- 最も重要な家族の価値観を3つ挙げるように尋ねたら、息子さんは、何と答えるでしょうか？
- それは、あなたが最も重要だと思う家族の価値観として挙げたものと同じですか？　それとも違いますか？
- 家族みんなの価値観は同じですか？　人によって違うようなら、それはどれ位で、なぜでしょう？
- あなたの家では感情をどのように表していますか？　家族は感情表現をしますか？
- あなたにとって扱いやすいのは、どのような感情ですか？
- あなたが感情的に反応してしまうのは、どんな感情に対してですか？　最も対処しにくいのはどんな感情ですか？　それはなぜでしょう？
- 家族の誰かが怒ったり、悲しんだり、喜んだり、興奮したりしている時、それはどのようにして分かりますか？
- 誰かが感情を表している時、どう気づきますか？
- あなたの家族は感情表現が豊かだと思いますか？
- あなたは感情をどのように受け取りますか？　それによって悲しんだり腹を立てたりしますか？　あなたの感情に対して、あなた自身とパートナーとでは、反応が同じですか？　違うようなら、どのように違いますか？
- すべての感情は良い感情で、どんな感情も表していいのだと、息子さんに伝えるために、何か違ったことをしたいと思いますか？
- 感情表現について、息子さんは、あなたとパートナーから同じメッセージを受け取っていると思いますか？

仕事と役割の分担

　息子さんの人生で、今最も重要な家族は誰ですか？　名前を書きましょう。家庭のよくある場面を一つ選んで、自分も誰も批判せずに、ただ観察してみましょう。家族はそれぞれ何をしていますか？　それはなぜでしょう？

- 家族みんなはどこにいますか？
- みんなはどんなことをしていますか？　お母さん、お父さん、ベビーシッター、おばあさん、きょうだい、おじさんやおばさんは、何をしているでしょうか？
- 女性は典型的な女性の役割を担っていますか？　男性はどうでしょう？
- それは本人の選択ですか？
- 指示をしているのは誰ですか？
- どのような非言語的なメッセージが子どもに伝わっていますか？
- それは、あなたの価値観や、子どもに知ってほしいこと、考えてほしいことと一致していますか？
- 改善の余地はありますか？　あるとしたら、どんなことでしょう？

エクササイズ3
未来の希望に優先順位をつけましょう

　自分の過去を振り返るのは、必ずしも快適なことではありません。長年かけて忘れようとしてきた自分の一面や、自分の一部ではないとは思い込もうとしてきたことがらが、明るみに出てしまうかもしれません。でもそれは悪いことではありません。自分の過去をしっかり見直すというつらい作業によって、今の自分の家族の未来を、あなたの望む、より良い方向へと導くことができるのですから。

　さあ、あなたの過去と現在について考えてみましょう。次の質問の答えを書きましょう。

- 特に心に残っているのは何ですか？　自分についてどんなことを学びましたか？
- 最も有意義だと思うのはどんなことですか？　それはなぜですか？
- 10年後の自分を想像してみてください。
- 10年後のあなたはどんな姿で、どこに、誰と一緒にいますか？

次に、息子さんや娘さんの10年後を想像してみましょう。

- どんな姿になっていますか？
- どのような人になってほしいと思いますか？
- 将来、共感力のある人間になってもらうために、今どうすれば、子どもの中に共感力を育てることができますか？
- 将来、平等を重んじる人になってもらうために、今あなたにできることは何でしょう？

●子どもたちが将来、前向きで健全な人間関係を築けるように、よく聞くこととつながることを、どのようにして教えればいいでしょうか？

●将来へのあなたの希望と、現在の状況を一致させるために、今、何を変える必要がありますか？

　家庭で優先させたいと思う家族の価値観を3つ選んでください。3つずつ3回選んで、それについてよく考えてみましょう。その価値観を毎日、毎週、毎年、推し進めていくにはどうすればいいでしょう？　今日始められることは何でしょう？

　こうしたエクササイズによって、あなたは家族の将来を再構築することができます。高い意識、内省、熟考、行動によって家族の価値観と進むべき道を導くことができるのです。

パートナーシップで子育てをしましょう

　とても重要なのは、自分自身の歴史を振り返って、それを今の家庭の築き方に結びつけて考えること、**そして**子育てを一人で孤立して行わないことです。息子さんが吸収するすべてのメッセージをコントロールすることはできませんが、あなたとあなたのパートナーのメッセージが一貫していることは、最も重要なことです。それがフェミニズムについてであっても、何か他の考えについてであっても、子育てのチームが同じ考えを持つことが、子どもにとって非常に健全なのです(16)。平等を信じ推進する息子を育てたければ、両親のメッセージに明確さと一貫性を持たせなくてはなりません。そのためにはパートナーに、「フェミニズムとはすべての人が平等であるということ」を教える必要があるかもしれませんね。

　今の時代、男の子（女の子）をどのように育てるべきかという問題は、想像以上に衝突を引き起こします。よくあるシナリオに、父親が「もちろん子どもたちを平等に扱ってるよ」と言いながら、娘のことを「プリンセス」と呼び、娘は大事にしなくてはならないというメッセージを家族に明らかに示しているというようなものがあります。あるいは、「どの子どもも同じに扱っているわ」と言う母親が、息子に「他の男の子たちのように」スポーツをすることを押しつけることもあるでしょう。善意であっても、これは**マイクロアグレッション**という、偏見を伝える微妙な発言なのです。上の例はジェンダー役割の偏見です。

　親が（意識的かどうかにかかわらず）子どもたちの仕事分担を決めていることにもマイクロアグレッションが明確に現れます。言葉だけでなく行動によっても、ジェンダー化されたメッセージが伝わるのです。カップルの場合は、家の内外の仕事を、どちらがいつ何をどれ位行うかという役割分担によって、ジェンダー化さ

れたメッセージが現れます。

仕事の分担

　協力して子育てをするというのは、平等に行うと思われがちですが、そうではありません。カップルがまったく同じ量の仕事を担うのは不可能です。家族はそれぞれ要求も構成も違うし、ほとんどの場合、カップルの一方がより多くの収入を得ているし、パートナーの一方が子育てを主に担っているでしょう。

　協力して子育てをするというのは、家族が必要とする様々なことについて、パートナーと正直な話し合いを持ち続けることです。それには、子どもの世話、結婚生活の維持、経済状態の管理、親戚や友だち関係の維持などが含まれます。

　女性の多くは自然と、世話をする側になりがちだと気づくと同時に「自分が全部やっている」と憤慨している女性も多いのです。世話をするのが自然に**感じられる**のは、もちろん、私たちの文化が女性に（そして男性にも）、育児は女性の方がうまいと信じ込ませてきたからです。このような文化によって決められたメッセージの犠牲にならないように挑戦していかなくてはなりません。その方法の一つは、想定される役割から一歩退き、誰が何をすればいいのかを意識的に見直して、自分にもパートナーにも公平に思える仕事の分担を選択することです。文化が作ったスクリプトに無意識に従うのではなく、2人で共通のゴールを持つことで、より意欲的に取り組むことができます。

　責任分担についてオープンで正直なコミュニケーションができれば、双方とも気分が良くなり、長年積み重なってきたかもしれない恨みが最小化され、ジェンダーに関係なく仕事をシェアする模範を子どもに示すことにもなります。赤ちゃんが泣いたら真っ先に駆けつけるのがあなたなら、最初に皿洗いをしようと立ち上がるのがあなたなら、仕事から一番遅くまで帰ってこないのがあ

なたなら、子どものしつけをするのがいつもあなたなら、何があなたをそうさせているのかを意識してみてください。あなたの行動は、誰が何をするかというメッセージを男の子に発信しているのです。フェミニストの男の子を育てるということは、意識的に子育てと役割分担を行うことです。

責任を分け合いましょう

　オープンに話し合える時間を選んで、パートナーと一緒に、家庭で必要なことがらを分かりやすいリストにまとめましょう。そして、誰が何をどの位の頻度でするかを決めていきます。本書のウェブサイトから無料でダウンロードできる資料（https://www.akashi.co.jp/files/books/5612/5612_raising-feminist-boys_siryou.pdf）内の「役割分担チェックリスト」を活用することもできます。これはあなたとパートナーが、実際にどう責任分担すれば良いかを明確にするためのフォームです。

現代社会における伝統的な信念

　進歩的な信念と現実の生活との違い、特に役割分担について、行き詰まりを感じているのはあなただけではありません。最初のステップは、自分の過去と今の私たちの文化からどのような影響を受けているかを理解することです。

　まず良い面を挙げてみましょう。

● 現代の男性は、家庭で平等な関係を築こうと、より意識的にコミットしています。これには、夕食の準備、子どもの世話、歴史的に「女性の仕事」とされていた家事に参加することなどが含まれます[17]。

● 男性は平等な関係を望んでいます[18]。

● 男性は実際に、以前より多くのことをしています[19]。

　さて悪い面は、(全体の46％にも上る)共働きの家庭においても[20]、役割分担が不均衡でありながら、(データで示されているにもかかわらず)男性はそうとは思っていないということです。女性は外でも働いているのに、未だに子育てや家事をより多く負担しています。女性の報告や調査の結果が示すよりも、男性がもっと家事のバランスが取れていると感じているのは興味深いことです。これは、カップルのカウンセリングの世界でもよく争点となります。

　しかし、すべてを男性のせいにしてはいけません。男女が平等な家庭を築く能力に影響を与えているのは、職場の規範や方針が未だにジェンダー化されているせいだと調査が示しています。したがって、本当の意味での変化を望むなら、まず私たちの住むコミュニティを変えなくてはなりません[21]。それには、まず家庭から始めましょう。

端的に言ってしまえば、本当にバランスの取れた公平な家庭環境にしたければ、家事をもっと分担しなくてはなりません。それはキッチン、子育てにとどまらず、ベッドルームにまで及びます。普段の家事をより平等に分け合うカップルは、セックスの回数も多いという報告があるのです[22]。さて、どこから始めればいいのでしょうか？

　パートナーとすべての家事のリストを作りましょう。前のエクササイズで作ったリストを出発点にするといいですね。でも覚えておきたいのは、ゴールは家事を半分ずつにすることではありません。それは不可能です。目的は、お互いに合意できる公平な役割分担を作ることです。「やられたらやり返す」というアプローチでは関係性が崩れてしまうということをお互いが理解しなくてはなりません。家事は、子どもの成長、仕事のスケジュールの変化、生活の変化などによって変わり続けます。半年くらいに一度、状況を見直しましょう。

　話し合いを始めるにあたって、お互いがある程度、コントロールを放棄することが大切です。それが最も困難な場合がよくあります。それは通常、お互いの家庭内での役割、影響を及ぼす範囲、及ぼさない範囲、何かをする方法などが、すでに確立しているからです。このプロセスで重要なのは、正直に話し合うこと、そして相手の役割を支配しようとしないと約束することです。

　たしかに、パートナーにも風呂場のタイルの溝をあなたと同じやり方で磨いてほしいと願っているかもしれませんね。でも少しは譲歩し、あなたのスタンダードには達していなくても最終的には風呂場がきれいになったと認めなくてはなりません。不和な関係性に対抗する最高の武器は正直なコミュニケーションであり、それは役割分担も同じです。「分かってくれるはず」と思っても、パートナーはあなたの心を読むことはできないのです。正直にオープンに、思慮深く話し合いましょう。

家族全員の協力

　パートナーだけでなく子どもたちも家事に参加させましょう！ハーバード大学の長年にわたる有名な研究によれば、家の手伝いをした子どもはより良い人生を歩むといいます。より幸せで、より健康で、より自立心があるというのです[23]。家の手伝いは、子どもにとって有意義な家族への貢献であり、同時にジェンダー化されない「家族の作業」を快適に行うことにもなります。

　あなたの息子さんが、洗濯をし続けていれば、大人になってからも「洗濯は女性の仕事だ」とは思わなくなるでしょう。洗濯は単に自分をケアし保つためのものだと思うでしょう。「誰もが貢献している」という考え方を優先しましょう。自分の方が早くうまくやれるとか、世話をする仕事だからという理由で、子どもの仕事や役割を判断しないようにしましょう。あなたが踏み込むことによって、息子さんから健全なライフスキルを身につける機会を奪ってしまいます。そして、気づかないうちに、洗濯は親（や女性）が他の人のためにするものだと、発達期の彼の脳に組み込んでしまうのです。

　以下は子どもの年齢に応じた一般的なお手伝いのリストです。

２歳～４歳の子どもに適したお手伝い

●汚れた洗濯物を洗濯かごに入れる
●洗った洗濯物をたたむ
●おもちゃを片付ける
●部屋やお風呂を出る時おもちゃなどを片付ける
●食卓の片付けを手伝う
●食卓に食器を並べるのを手伝う
●ほうきで掃く
●キッチンカウンターを拭く
●食後に食器を片付ける
●ペットに餌を与える
●ベッドを整える／布団をたたむ

５歳～ 10 歳の子どもに適したお手伝い

●毎朝ベッドを整える／布団をたたむ
●自分で歯磨きをして、髪をとかす
●自分で服を着る
●部屋の掃除（床に落ちているものを拾ったり、掃除機をかけたり）
●洗った食器を片付ける
●親に車で待ってもらって、ちょっとしたお使いをする
●夕食の準備を手伝う
●夕食の食卓をセットする
●食後に食卓を片付ける
●庭のおもちゃを片付ける
●庭仕事を手伝う
●雪かきをしたり、落ち葉を集める
●ゴミ出しをする

11 ～ 13 歳の子どもに適したお手伝い

● 自分の持ち物を管理する

● 朝、起こされなくても自分で起きる

● 週に一度、シーツをはがして洗う

● 部屋を清潔に保ち、整理整頓する

● 週に一度、寝室以外の部屋の掃除を担当する

● 時々、夕食の準備をする

● 芝生を刈る

● 弟や妹の世話をする

● 雪かき、落ち葉集め、近所のお年寄りの手伝いをする

● お店に歩いて買い物に行く

14 歳以上の子どもに適したお手伝い

● 宿題やスケジュールの管理、衛生管理といった日々の自分
　の責任を果たす

● 庭仕事をする

● 1 日 1 部屋の掃除をする（全体の掃除ではなく）

● 弟や妹の世話をする

● 定期的に食事の準備をする

● 食料品の買い物をする

● 車の運転ができるなら、必要に応じて、きょうだいのス
　ポーツの練習などへの送迎をする

学校というコミュニティ

　子どもたちはとても小さいエコシステムの中で生きていることを、私たちは忘れてはなりません。たしかにネットもあるし友だちもいるでしょう。しかし（特にまだ幼いころの）情報と教育の主な供給者は家庭と学校なのです。私たちには学校で起きているモデリングをコントロールすることはできませんが、男の子たちが受けるモデリングにポジティブな影響を与えられるように、より広い地域社会に変化を促すことはできます。

　変化をもたらす最良の方法は、学校と地域社会と協力することです。少なくとも最初は、こうした協力体制が最も効果があります。ある賢明な教師が私にこんなことを言いました。「羊のように入っていけば、必要に応じてライオンになる余地がある（訳注：March comes in like a lion, out like a lamb　3月はライオンのごとくやってきて羊のごとく去る——　3月ははじめは寒いが終わりは穏やかな気候になるということわざをひねった言い方）」と。あなたの息子さんが生活のあらゆる場面で目にするものが、彼の信念体形を形成します。次に記したのは、教室におけるジェンダー平等について考え、学校に問いかけるリストです(24)。

- 教師の男女の比率は？
- どんな科目を教えていますか？　誰の歴史が語られていて、それは誰のレンズと価値観を通して教えられていますか？届いていない声は誰の声ですか？
- すべてのクラスの生徒の男女比は大体同じですか？
- 男子生徒と女子生徒によって報告されているハラスメントはどの位ありますか？　どんなハラスメントが報告されていますか？
- 学校はどのようにジェンダー化されていますか？　男子と

女子が分けられるのはどういう時？　なぜ、どのように、いつ分けられるのでしょうか？

●学校組織のお金の使い方について。ジェンダーに関連したアクティビティによって違いがありますか？

●校内のジェンダーに関する風潮について。子どもたちは、皆一緒に遊び学ぶことが奨励されていますか？　それをどのように明確に伝えていますか？　生徒や職員や家族が暗黙のうち感じているのはどのようなことでしょうか？

●学校は、アンケート、インタビュー、あるいは別の方法で、ジェンダー平等を正式に探求していますか？　もしそうなら、どのように？　そうでなければ、なぜですか？

　ハーバード大学教育大学院の Making Caring Common（MCC）（思いやりを広めよう）では、平等とすべての生徒の公益のために学校が実施できる具体的なプログラムを提供しています[25]。あなたの学校にも MCC のプログラムを取り入れるように勧めましょう[26]。

　家庭−学校−地域社会の協力体制を構築するための完全で詳しい資料は、National Education Association's Priority Schools Campaign が発行している「The Power of Family School Community Partnerships: A Training Resource Manual」を参考にしてください[27]。でもまずは、質問することから始めましょう。ボランティアとして、学校で公平についての本を読み聞かせたり、プロジェクトを行ったりしましょう。息子さんの友だちと公平やフェミニズムについて話してみましょう。そうすれば、子どもたちも学校で話すようになるかもしれません。

　フェミニスト男子を育てるということは、彼の人生（そしてあなたの人生）のすべての面において公平さを推し進めることになります。一朝一夕に勝利できる闘いではありませんが、時間をか

けて、すべての分野で常に一貫して注意を払っていくべき闘いです。

***

フェミニストの心得

　自分を振り返ることはするかしないか選べるものではありません。社会を変えるための手段です。公平な世界を作ることに大きな責任を感じている親はたくさんいても、どうすれば良いかを知りません。何らかの変化を起こすためには、まず自分自身の歴史と自分が送っているメッセージを受け止めることが必要です。自分を振り返ることによって、自分に内在する歴史を認識し、これまでとは違う行動をする機会が得られます。それをしなければ、時代遅れの偏った価値観が無意識のうちに、次の世代へと受け継がれてしまいます。

　私たちの誰もが、子ども時代に文化から受けたジェンダー化されたメッセージの重みを背負っています。それがあなたにどんな意味を持つのか、そして今あなたの家庭でどう展開しているかを、あなたは学びました。あなたは、より公平な環境を家庭に取り入れるための計画を立てました。次の章では、あなたのアイディアを、様々な発達段階にある息子さんにどのように活かせば良いかについて述べていきます。

第2章
発達段階を理解して戦略を立てましょう

社会経済的に中流から上流で育った（訳注：アメリカの）白人の男の子は、自分が当たり前のように享受している特権を認識する必要があります。いつでも欲しい時に欲しいものが得られるという文化的なメッセージに対して、意識的に抵抗する任務を負わなくてはなりません。自分と同じような外見の特権意識を持つ男性に囲まれていると、その中の一人が悪いことをしたり人をだましたりしても、責められることがなければ、私たちの息子たちも自分にもそれができると思ってしまうでしょう。それは甚大な社会的損失となります。彼らが大学生になって、ある日突然不公正に気づいて理解するわけではありません。私自身の大学時代を振り返ってみると、男子学生社交クラブのパーティでは、肌の色や社会経済的ステータスによっては「何でもあり」という雰囲気があり、それが暗黙の社交ルールとなっていました。時代の流れと共に変わってくれることを願っていましたが、私の患者さんの話を聞くと、その状況は今でもほとんど変わっていないようです。

　したがって、親切で思いやりと共感力のある次の世代の男子学生を育てるのが私たちの責任となるのです。息子たちが世界の中で自分がどのような立場に置かれているかを誠実に見据え、自分自身と自分の文化を理解した上で、相手を尊重できる良心的な男の子になれるよう、私たちは必要な言葉を、一つひとつ見つけていかなくてはなりません。今、若い男性を育てている親としての役割は、内面の発達期にある彼らの中に、意識と思いやりと共感を植え付けることです。

　男の子にいつ何を伝えるのが適切なのかを見極めるのに役立つ発達理論があります。この章では、そうした理論に基づいて、子どもの今の段階やこれから通過する段階に応じた、具体的な提案をしていきます。もちろん私たちの物語、家族、歴史はそれぞれ違います。文化、ジェンダー、人種、年齢、その他の人口統計学的変数、そしてそれらの交差性が、彼らの住む世界を作ってい

す。しかし、あなたを導く指針となる真実もあります。発達段階に応じて何が適切で効果的なのか。それを示す理論に立ち返ることが常にあなたの基盤となり、優れた出発点となるでしょう。

　子どもが今直面している彼特有の問題が何かを知ることが重要です。周囲が私の息子に抱く憶測について、私が彼とどう話すかは、あなたの場合とは違っているでしょう。ご自分の判断を信頼し、自分が一番よく分かっていると信じましょう。すべてに当てはまるフレームワークはありませんし、社会集団によって対峙する障害も異なるでしょう。それを説明するのが**インターセクショナリティ**（交差性）です。

　インターセクショナリティとは、人種、階級、セクシュアリティ、能力、ジェンダー、外見など様々な社会的カテゴリーが相互に関連する特性のことで、それが特権、資格、差別、不利益の重なり合った相互依存のシステムを作り出し[28]、男の子たちに様々な形で影響を与えます。たとえば、男性であることは特権と考えられていますが、すべての男子が同じ対等な特権を持っているわけではありません。非白人の男性は、特に社会経済的なステータスが低かったり知的障害があったりすると、はるかに多くの差別に直面します。またアメリカ文化には、レイプ告発に関する黒人男性への偏見の長い歴史があります[29]。白人の男の子が犯しても逃れることができるかもしれませんが、黒人の男の子の場合は告発されるのです[30]。

　インターセクショナリティがあなたの息子さんにどのような影響を与えているか、あなたがどのような子育てをしているのか、息子さんに何を伝えれば良いのかといったことを、すべての親御さんに考えてほしいのです。一つの信頼できる決まった対話の方法を私があなたに手渡せるわけではありません。本当の任務は、あなた自身の違和感や不安と向き合い、それを乗り越えて息子さんと対話することです。私の臨床経験によると、子ども時代に受

けたセクシュアリティについての恥辱感や否定感は、大人になっても、自己価値、パートナー選び、メンタルヘルス、セクシュアル・アイデンティティ、世界における自分の立ち位置の認識などに影響を与え続けることが分かっています。あなたの息子さんに、ジェンダーと性についての情報を率直に伝え、彼をサポートしていってください。

　あなたがこの本を手に取ってくれたのは、この問題に関心があるからでしょう。自分自身と息子さんについての自分の知識を信じながら、みんなで協力して変化を起こしていこうではありませんか。

対話を先延ばしにしてはいけません

　対話は、特に性的発達と性行動について男の子に永続的な影響を与えます[31]。発達段階に見合った知識を含む優れた性教育とコミュニケーションによって、性的暴行を防ぐことができるので、早期に始めなくてはなりません[32]。現在行われているよりも早く、そしてあなたが無理なく話せるようになるまで待たずに始める必要があります。何も言わないより、何かを言う方が良いのです。それを信じて始めましょう。決して早すぎることはありません。セクシュアリティについて話したからといって、子どもが早くセックスをするようになるわけではありません。実際には、性の知識のある子どもの方が、大きくなるまで性体験をするのを待ったり、性体験に至った際には避妊がきちんとできるようになったりします[33]。

　こうした問題について子どもと話す重要性については、もちろんお分かりだと思います。でも何を言えば効果的なのか分からないために、話し合いを避けてしまうかもしれませんね[34]。どのように話し合えばいいのか、子どもはまだ幼すぎるのではないか、

と親が不安に思うこともよくあるかもしれません。感情を伴う、思慮深く、互恵的な、情報に基づいたコミュニケーションを目標にしましょう。研究によって、このような会話を容易にする要因が示されています。

- 親子の関係が良好な場合
- 親が、性について話す機会を避けずに、臨機応変に活用している場合
- 子どもがまだ幼い時から始めた場合

　こうしたテーマが日常生活の一部になっていれば、違和感を持たずに話すことができるでしょう。違和感はあなた自身が感じていることであって、幼い息子さんが感じているのではないということを忘れないように。違和感は「あなたの問題」であって、「息子さんの問題」ではありません。彼にとって性教育はまだ、気まずいものにも、バカげたものにも、不快なものにもなっていないのです。むしろ性教育は、体がどう機能するか、それはなぜなのか、それはどのようなことなのか、といったことへの理解なのです。早期に始めれば、ごく普通の気軽な会話にすることができます。

　話し始める前に、どんな言葉を使えばいいかを知っておくことが重要です。言葉の受け取られ方を理解することによって、何を言うべきかが分かるようになります。**認知的**、**心理社会的**、そして**倫理的な理論**を使って子どもの発達段階に合わせた会話をすれば、居心地の悪い気まずい会話ではなく、子どもとのつながりを重視した教育的なコミュニケーションができるようになります。

認知的発達の段階

　認知発達理論の提唱者であるジャン・ピアジェは、子どもは、観察し、新しいアイディアを試し、学びながら進歩する小さな科学者のようだと考えます。子どもは自分の環境とかかわり、すでに知っていることを基盤にして考え、新しい情報を得れば考えを修正していきます。たとえば、ストーブを見た子どもは、その形や色に興味を持って触ろうとするでしょう。しかし火傷をすると手を引っ込めます。親が「熱いよ」と言えば、子どもはその新しい情報を取り込んで、ストーブは痛みを起こすもので「熱い」と呼ばれるものだと理解します。

　性的な発達についても同じようなアプローチがあります。序章で、息子タイラーが私たちの文化から得たメッセージ——トランプ大統領がやったから、触られたくない女性を触ってもいいんだ——についてお話ししました。私は、タイラーがたまたまそう考えたところに出くわしました。そして、そこでいったん立ち止まり、彼に新しい情報を与えて、彼の小さな頭がその情報を受け入れて新たな信念を作り出す手助けをする必要がありました。子どもが成長し、より複雑な情報を得るようになると、こうした学習はより複雑になりますが、プロセスそのものは、ほとんど同じなのです。

　家の土台をはじめにしっかり作るのと、壁を建ててしまってから土台を作ろうとするのでは大きな違いがあります。脳の発達にも同じことが言えます。子どもの発達段階に応じた言葉や考え方が理解できるよう、ピアジェの示した発達段階を見てみましょう。

感覚運動期：誕生〜２歳 [35]

　ヨダレを垂らしているあなたの赤ちゃんは、ただかわいいだけではありません。比較的短期間に劇的な成長と学習を遂げる重要

な段階にあるのです。認知機能の発達はまだ初期段階で、親や世話をしてくれる人から直接影響を受けます。私たちが与える感覚的な体験や、遊んだり物を触ったりする機会や、耳に入ってくる言葉などによって、知識をつけます。あなたが入力するものが、赤ちゃんの認知機能の基礎となります。

　赤ちゃんは自分の動きや感覚を通じて世界を理解しています。
- 赤ちゃんの主な学習手段は、吸ったり、つかんだり、見たり、聞いたりといった基本的な動作です。
- 見えていなくても物が存在することを認識する「対象の永続性」あるいは「対象の恒常性」が備わります（たとえば、「今ここにはいないけど、お母さんはいるんだ」）。
- 自分は、周囲の人や物の延長線にあるのではなく別の存在であると理解し始めます。
- 原因と結果を認識します（たとえば、「泣いたら、お父さんが抱っこしてくれる」）。
- 頭の中にアイディアやイメージや思考を保持する表象思考の機能が発達します（たとえば、「ボール」は今朝遊んだ丸くて柔らかい物だ）。

　では、乳幼児に、どのようにしてジェンダーや同意や共感について**お手本を見せたり**、話したりすれば良いのでしょうか？　赤ちゃんの環境が、学ぶ土壌になります。不公平な環境であったり、共感が感じられないようなところなら、彼の頭の中にそれを表す認知モデルが構築されてしまいます。泣いた時に反応してくれるのがいつもママなら、対応するのはいつもママなのだと学習し始めるでしょう。すると次第に、無意識のうちに、それがジェンダーに結びついていきます。これについては後に詳しく述べますが、この段階では、ジェンダー化されたすべての作業に目を向け

ることが大切です。ママは洗濯、パパは芝刈り、ママは料理、パパはスポーツのコーチといったことについて考える必要があります。個人的な信念はさておき、こうした行動は、世界がどのように機能するのか、自分は何をすべきか、人に何を期待するべきか、といったことを子どもに教えることになるのです。

　子どもたちは周囲から言語を吸収します。言葉の使い方や、どんなメッセージを送っているかを意識しましょう。女の子は、かわいくて、控えめで、最初に謝らなくてはいけない、というメッセージを受けることがよくあります。一方、男の子には、粗野で責任感があって、助けを必要としない、というメッセージが送られます。

　幼少期を、子どもが大きくなって性の話題が気まずくなる前の、こうした話に慣れるトレーニング期間だと考えましょう。親のための性教育訓練キャンプだと思ってください。赤ちゃんと話しましょう。赤ちゃんもきっと喜んで笑いかけてくれますよ。あなたにとって前向きなモチベーションになりますね！

前操作期：2〜7歳 [(36)]

　この年代のはじめのころには、まだジェンダーを恒常化して捉えることがありません。物や人が姿を変えると、それを同じものとして識別することはできません [(37)]。しかし、5歳から6歳になると、ジェンダーの恒常化が始まり、ジェンダーにまつわる社会からの期待について学習したことが具体化していきます。この段階では次のような発達が見られます。

- 子どもは見たり聞いたりしています。
- 言語が発達します。
- 象徴的思考が発達し続けます。（「家族」ごっこやロールプレイ）

- 自分の欲求や衝動に集中するようになります。
- 考えには、まだ論理的なルールや具体的な思考が伴いません。
- **自己中心性**の思考を持ち、他人の視点で見ることができません。
- 保存の概念がまだ理解できません。（たとえば、細くて長いグラスと、太くて短いグラスに入る水の量が同じ、というようなこと）

　子どもの考え方が、ジェンダー化された情報をどう理解し、処理し、それに対応するかに影響を与えます。つまり、自分や他の人がジェンダーに基づいてどのように振る舞うべきか、推測し始めるのです。したがって、親がこのことに気づいて、子どもが周囲の環境（家庭、学校、地域社会など）の文化から自動的に吸収するジェンダー役割に対抗することが重要になってきます。

　タイラーが 6 歳の時、「それは女の子のスニーカーだから履きたくない」と言ったことがありました。私はその時、反対せずに、どうしてそう思うのかタイラーに尋ねました。「なぜそれは女の子のスニーカーなの？　タイラーはどうして女の子のだと分かるの？　どこかでそう聞いたの？　もし男の子が履いたらどうなると思う？　パパは男性だけど、そのスニーカーをかっこいいと思ってるよ」。こうしたアプローチは、認知モデルの発達に対抗するだけでなく、子どもの意識を高めて、そういった話題が家庭の外で出た時に使える言葉を子どもに与えるのもです。

　私の家では、庭をセックスのメタファーとしてよく使っています。「種を植えるとトマトが育つよね。妊娠もそれによく似てるよ。男の人は種を持っていて、ペニスでその種を女の人の膣に入れるの。すると女の人の卵子と合わさって赤ちゃんができる。これは赤ちゃんを作る一つの方法よ。他の方法についてはまた今度、

話そうね」

　もちろんこれは、生殖について幼い男の子に教えるための、非常に単純化されたバージョンですが、良い出発点となります。あなたの息子さんに最もかかわりのあることから始めてみましょう。私の家では、夫も私もシスジェンダーでストレートで一夫一婦制の結婚をしていますので、私自身の妊娠の仕方から始めました。現代では、家族や子どもを作る方法が他にもたくさんあります。たとえば、体外受精、精子バンク、2人のママ、2人のパパ、養子縁組といったことについても子どもに話すことが重要です。私の息子がどのようにしてこの世に生まれてきたかを理解したら、次に、他の家族にはまた別の方法があることを、同じように率直に伝えました。

具体的操作期：7 ～ 11 歳 [38]

　この年齢には、思考がより複雑になります。単純で具体的な思考をしていた幼少期から、より大人っぽい抽象的な思考への橋渡しとなる時期です。自己中心性から離脱することがこの時期の特徴で、他者が異なる考えを持つことを理解できるようになります。論理的な思考で問題を解決し、具体的なスキルを使えるようになります。

- より複雑で論理的な方法で抽象的な思考を整理するようになります（たとえば、「ミルクを飲むたびに気分が悪くなるから、もうミルクは飲まないよ」）。
- 自己中心性の解消。自分と違う考えを持つ人もいると学びます。
- 可逆性の意識が芽生えます（たとえば、「ホンダは車の種類で、車の種類はホンダだ」）。
- 保存の概念を理解するようになります。容器の形が変わっ

ても、中の液体の量は変わらないというようなことが分かるようになります（たとえば、細くて長くてグラスと、太くて短いマグカップは見た目は違うけど、入る水の量は同じというようなこと）。

●問題の様々な部分を同時に保持できるようになります（たとえば、「パーティに行きたいし、ホッケーにも行きたい。でもママはおばあちゃんに会いに行ってほしいって言っている。どうしよう？」）。

　7歳から11歳の男の子とのコミュニケーションについて何を知っておくべきでしょうか？　たとえば私の家では、2人の息子がまだ自分たちにとってたいして意味を持たないセックスについて、質問してくるわけです。彼らは、セックスは私と話してもいいテーマだけど、いつどこで話してもいいわけではないので、それが多少気まずいテーマであることも理解しています。

　私が10歳の息子と車で外出した時、ラジオから流れてきた歌の歌詞にレズビアンという言葉が出てきました。息子のキャムが、2人の女性がどうやって赤ちゃんを作るのかと、興味津々の様子で率直に聞いてきました。私はいくつかの選択肢について説明しました。「養子縁組をするか、お医者さんから『精子の種』をどちらかの女性の体内に移植してもらうか、お医者さんが精子と卵子を混ぜて、レズビアンのカップルに代わって赤ちゃんを産んでくれる別の女性の中に移植するか、といった方法があるよ。必要な材料はみんな同じだけど、カップルによって混ぜたり移植したりする方法が違うんだよ」

　シンプルで的を射た説明でした。庭をメタファーにして、豊かな庭に種を植えたら、条件が合えばステキなトマトが育つというように説明するのは、早い時期から子どもにセックスと妊娠を具体化して理解させるのに役立ちます。こうした基礎科学をベース

にして新たな質問ができるようになります。

　ごく最近では、YouTube動画を見ていたキャムにこんなことを聞かれました。「刑務所のシャワー室で石鹸を落としちゃだめ、ってどういう意味なの?」私は内心ショックを受けましたが、彼の質問をいくつかに分けて、どこまで知っているのかを尋ねることにしました。「キャムは、セックスについて知っているの? ゲイの人のセックスについてはどう? レイプやトラウマについては何か知ってる?」こんないくつかの質問から話を始めました。もしあなたが、こんなことを尋ねるなんて、とんでもないと思うのなら、自分にこう問いかけてみてください。「これは私の反応なの、それとも息子の反応?」と。こうした質問が不快だと、どうして思うのでしょう? 何があなたを気まずい気持ちにしているのでしょう? こんな質問をあなたの息子さんにしても不安にならない方法はあるでしょうか?

形式的操作期：12歳～成人期 [39]

　12歳までには、抽象的に考える能力が発達し、複数の視点を持ったり、問題を解決したり、より複雑な思考ができるようになります。何とも素晴らしいことに思えるかもしれませんが、神経心理学的な発達という点では、25歳になるまで前頭葉（高度な思考を司る部分）は完全に発達を遂げていないのです。

- 抽象的で論理的な概念を身につけます。
- 論理を使って問題を創造的に解決します。
- 演繹的推論、論理思考、組織的な計画などが発達します。

　この年齢になると、セックス、共感、同意についての会話が必然的になります。しかし、それまでに基礎を築いてこなかったために、こうした問題について話し合うのを遅らせてしまう親が多

いのです。この段階の男の子の認識力や社会性はかなり発達していますが、文化から吸収したメッセージの意味がすでに埋め込まれているので、話し合うのを息子さんが恥ずかしがるかもしれません。

　まだセックスの話を始めていなかったとしても、取り返しがつかないわけではありません。でも、もっと早くに話したら良かったね、と息子さんに認める意味はあると思います。こんな風に言ってはどうでしょうか？「あなたが大きくなるまでセックスの話をしなかったよね。私の親がそうだったから。でももっと早く話し始めれば良かったとも思ってるよ。私はいつでもここにいるよ。どんな質問にもちゃんと答えられるし、こうして今話せてうれしいよ。聞きたいことはない？　後からもっと質問が出てくるかもしれないね。いつでも聞いてね」

社会的世界での発達

　レフ・ヴィゴツキーは、子どもの認知能力の発達に、親や養育者や文化が非常に大きな役割を果たし、また社会的な要因が子どもが何を学習するかに大きくかかわっていると考えました[(40)]。彼の理論が重要なのは、私たちが思っている以上にコミュニティが私たちの息子たちを形成していることに焦点を当てたからです。たとえば、あなたの家には一定のルール（YouTube動画は禁止など）があるかもしれませんが、息子さんの友だちのルールは違うかもしれません。すると、友だちは異なる、大体において成熟した知識を得ているでしょう。この社会文化理論によると、

- 認知能力は、文化的文脈の中で発達します。
- 認知能力の発達に言語が大きな役割を果たします。
- ピアジェの理論と異なり、発達の段階は存在しません。

子どもは学習のすべてを、生活している社会環境を通して得ます。子どもの考え方は、周辺の人々やそこで発せられるメッセージと直接つながっています。あなたの息子さんの社会文化的な環境に注意を払いましょう。あなたの信念にかかわりなく、それこそが彼の発達に影響を与えているのですから。

男の子たちは社会的世界に生き、年齢をはるかに超えたことがらにさらされるのです。そう想定した上で、対話、協力、共有、教育によって、阻止していきましょう。目をつむってはいけません。

私たちも、言うことや（個人的にも文化的にも）インプットしていることに留意し、それが男の子の認知能力にどんな影響を与えているかを考えなくてはなりません。6歳のタイラーが、嫌がる女性を触ってもいいのだとトランプ大統領から学んだのです。それは私や夫から得たメッセージではありません。私たちの知らないところで文化全体から受けたメッセージなのです。

親は、子どもの学ぶことをコントロールできると思いがちですが、実際には、子どもたちはそれぞれが小さな人間で、彼らを形作る社会的世界に生きているのです。子どもたちは周囲の文化的世界によって形成されていきますが、私たちが積極的に話すことによって、その意味を捉えることができます。親は傍観することも、成長する子どもと積極的に話し合うこともできるのです。

心理的成長の段階

心理社会的な発達とは、社会的、認知的、感情的、行動的な要因に影響される人格の発達です [41]。エリック・エリクソンの理論は、異なる心理的な課題に特徴づけられる8つの相互依存的な段階をうまくクリアしていくことによって、人格が形成されるというものです。一つの段階をうまくクリアすると、より複雑な次の段階に進みます。

　心理社会的発達理論の一般的な概念を簡単に紹介しましょう。今回の目的として、あなたの息子さんが心理的な課題のどの段階にいるのか、そして何を達成する必要があるかを理解することが重要です。それを理解することで、あなたと息子さんとのコミュニケーションがより効果的になっていくでしょう。以下に、それぞれの段階 [42] の理論の実践を具体的に説明しましょう。

発達段階 1 ● 誕生～ 18 か月

心理的課題：基本的信頼 vs 不信

ライフイベント：授乳・摂食

導かれる成果：保護者が要求に適切に応えれば、子どもは世界は自分に応えてくれるものだと学習します。そうでない場合は、不信感が生じます。

話し合うこと：子どもが言葉を話せるようになる前から、性について話し始めるべきです。セクシュアリティについて話しやすい雰囲気を作るためにも、性器を正しい言葉で表現しましょう。

発達段階 2 ● 2 ～ 3 歳

心理的課題：自律性 vs 恥、疑惑

ライフイベント：トイレトレーニング

導かれる成果：自分自身をコントロールすることを学び、自律性を身につけます。そうでない場合は、恥と疑惑が生じます。

話し合うこと：同意、境界線、体について話し始めましょう。将来の会話のための雰囲気作りと語彙を紹介するためです。

発達段階 3 ● 3 ～ 5 歳

心理的課題：積極性 vs 罪悪感

ライフイベント：探検

導かれる成果：自分の環境をコントロールすることを学び、積極性を身につけます。コントロールしすぎると、得られたフィードバックによって罪悪感が生じます。

話し合うこと：ジェンダーの違いと同意について話しましょう。体の話も続けましょう。

発達段階4 ● 6 〜 11 歳

心理的課題：勤勉性 vs 劣等感

ライフイベント：学校

導かれる成果：社会的世界（友だちや学校）での新たな要求に適応することを学び、勤勉性が発達します。それができないと劣等感が生まれます。

話し合うこと：性的安全（性的虐待も含む）、良いタッチと悪いタッチ、自慰行為、勃起、生理、セックスの仕組み、思春期、ジェンダー表現、女性のモノ化、性差別、インターネットの安全性、安全なセックス、性病、メディア、ポルノ、などが含まれます。

発達段階5 ● 12 〜 18 歳

心理的課題：アイデンティティ vs 役割の混乱

ライフイベント：社会的な人間関係

導かれる成果：10代になると親から離れて、家族の外で自己意識が芽生え、アイデンティティが発達します。それができないと、役割の混乱を招きます。

話し合うこと：同意、感情、健全な関係、安全なセックス、良い選択、自分の中のコンパスに従うこと、自己認識、他者への共感、性に関する用語などについて話し合うと良いでしょう。子どもが良い選択をするための相談相手になり

ましょう。

発達段階6 ● 19～40歳

心理的課題：親密性vs孤立

ライフイベント：親密な人間関係

導かれる成果：青年は親しく、深い、愛に満ちた関係によっ
　て、親密な人間関係を作ります。それがなければ、孤立し
　ます。

話し合うこと：この段階は、多くの親にとってギアチェンジ
　の時期になるでしょう（すべての親に当てはまるわけであり
　ません。特に知的障害のある息子さんの場合は違います）。親の
　役割は変わりますが、息子さんが大学に入ってから、また
　はそれ以降であっても、人間関係における正しい判断、恋
　愛関係における自分の正しい理解、健全な行動や人生の選
　択、そして一般的に群れに従うのではなく意識的な選択を
　するための、親は情報源になることができます。この時期
　には、親自身の個人的な体験を子どもと共有するのも良い
　でしょう。

道徳性の発達を促しましょう

　ジャン・ピアジェの認知発達理論をご紹介しましたが、次にピ
アジェの道徳性発達の理論について述べたいと思います。ピア
ジェは子どもが何を選択するかではなく、道徳についてどのよう
に考えるかに興味を持ちました。これはピアジェの認知発達理論
の延長線上にあると言えるものです[43]。規則や道徳的判断や罰
についての子どもの考え方は、時間と共に変化し、そこには2つ
のタイプの道徳、他律的（道徳的リアリズム）と自律的（道徳的相対
主義）があるということを現代の親は理解しなくてはなりません。

あなたの子どもが、道徳的発達のどの段階にあるかをまず知りましょう。ある段階では、子どもが絶対的な真実だと思うように具体的な道徳観を親はインプットするでしょう。その後子どもの成長に伴って、親は子どもの道徳性の発達に積極的にかかわるようになります。ちょうど、あなたが友人と論争を交わすように、（でももっとシンプルな言葉で）話し合っていきましょう。

年齢：5 ～ 9 歳

タイプ：他律的道徳（道徳的リアリズム）

観点：子どもは親や教師や法律といった他者の目を通して道徳を考えます。ルールを破ると罰を受けることを受け入れます。ルールは絶対で不変です。

親の役割：子どもに身につけさせたい道徳的価値観を明白にし意図的に示すことです。こうした価値観は絶対的なものと見なされます。

年齢：9 ～ 10 歳

タイプ：自律的道徳（道徳的相対主義）

観点：子どもの道徳観は自分自身のルールが基礎であり、自分の意図と結果に基づいています。（前にも述べたように）この段階の子どもはすでに自己中心性から離脱しているので、人によって道徳観が違うということが理解できます。子どもの道徳観は厳密なものではなく柔軟で、誰に見られているかで変わります。この考え方は大人になっても続きます。たとえば、ある人は盗みは何があっても絶対に不道徳だと考えますが、別の人は盗みが不道徳かどうかを、意図や（貧困のような）必要性によって判断するかもしれません。

親の役割：子どもが独自の道徳観を確立するために、積極的

にかかわるのが親の仕事です。道徳的な判断について問い
かけたり、話し合ったり、親の考えを共有したりしましょ
う。息子さんが最終的には自分自身のレンズを通して道徳
を考えるようになることも理解しておきましょう。まだ彼
の信念に影響を与えることができますが、あなたの見解は
もう彼にとって絶対的なものではありません。

　この理論は私が親として成長する基盤となりました。この理論
が、息子たちと早期にジェンダー、同意、共感、性的発達につい
て話すための後押しになったのです。この理論を理解する前の私
は、こうした話は息子たちにとって早すぎるし、彼らはまだ十分
に成長していないと思い込んでいましたが、それはまちがいでし
た。
　5歳ぐらいの少年にとって、セックスや同意や恋愛の話は意味
も関連もほとんどありません。しかし、この年齢の男の子は、道
徳観について「とらわれの聴衆」──どんな話でも聞かせること
ができる魅力的な聴衆──だと言えます。あなたや家族の大切な
価値観を、意識的にインプットすることができますし、実際、ま
だ性的なあれやこれやに夢中になっていない子どもと話をするの
は爽やかですらあるでしょう。まだ彼らにとって、性に関するこ
とは単に、体の部位でしかないのです。育つ過程で性の話をする
のが（したかどうかは別として）とても恥ずかしかったり気まず
かったりした私たちの世代にとって、こうした話ができるように
なれば、楽しいし子どもとの絆が感じられることでしょう。それ
に自分の過去の修復にもなるかもしれません。思い切って飛び込
んでみましょう。決して後悔はしませんよ！
　男の子たちは成長するに従って、自分の信念を確立していきま
す。その基礎となる明確な道理を親が伝えることは、将来彼らや
他の人々の安全を守ることにつながります。嫌がる相手を触って

はいけないということが基本的に理解できていれば、その信念が
これから道徳観を確立していく上の強い拠り所になるでしょう。
その信念が他のものに形を変えることもあるでしょう。親として
あなたは、子どもの道徳の青写真を意識的に構築するという役割
を果たしたことになります。子どもの時に脳に書き込まれたスク
リプトによって、彼が将来どんな人間になるのか、どんなパート
ナーになるのかが形作られていくのです[44]。

健全で正常な性行動

　成長期の男の子の理解に役立つ資料が揃ったところで、性行動
や性的な会話がいつ正常でいつそうでないのかを見分ける方法を
考えていきましょう。体の発達についてだけが、性に関する会話
ではありません。信念、恋愛関係、アイデンティティ、他者への
共感もそこに含まれるということをお忘れなく。

　次のリストは、National Child Traumatic Stress Network（全米
児童トラウマティックストレスネットワーク）から引用したもので、
正常な性の発達についてや、子どもがどんなことを言ったりした
りするか、そんな時、親はどう反応すれば良いのかを知る参考に
なります。親が動揺するようなことの多くは（たとえば私の保育園
児の娘が性交のまねをしようとしたり）、非常に典型的で健全な発達
を反映しているものなのです。

12歳未満の子どもの正常な性行動の兆候[45]
　息子さんが友だちと「お医者さんごっこ」をしていたり、自分
のペニスを触ったりしていると、親は心配になるものですが、こ
れらの行動のほとんどは正常なものです。男の子は突然思春期に
なってセックスに目覚めるわけではありません。性的な発達は子
宮の中で始まり、子ども時代を通じてゆっくりと進んでいきます。

息子さんが他の子どもと何らかの性的な行為をしているのを発見
したなら、それが正常かどうかを判断するためには、次のような
ことを考えてみましょう。

- お互いをよく知る継続的な友人関係の子どもたちの間での
  行為ですか？
- 年齢、感情面、身体面、認知面の発達が同じような子ども
  同士の関係ですか？
- 頻繁には起こらないことですか？
- （動揺しているのではなくて）遊びとしておもしろがってい
  ますか？
- 「見つけたら」やめさせることができますか？

典型的ではなく注意が必要な性的な行為の兆候[46]

すべての性的行為が正常というわけではありません。相互的な
お医者さんごっこは正常ですが、痛みを伴ったり、力関係の違う
相手との行為や、苦痛のある場合はそうではありません。「かか
わっている子どもたちみんなにとっての『おもしろい』探求なの
か、それとも、一人あるいは数人の子どもにとって、不均衡で苦
痛や不快感を伴うものなのか」と自問してみてください。直感に
従って次のように自分に尋ねてみましょう。

- 子どもの発達段階を超えた行為ですか？（たとえば、触るの
  ではなくて、性交したり、物を挿入したりしていませんか？）
- 子どもは苦痛を感じていませんか？
- その行為によって、子どもの情緒、体、学業、社交の機能
  に何らかの妨げが生じていませんか？
- その行為は、強制的、威圧的、攻撃的ですか？
- その行為を大人がたやすく、やめさせることができますか？

心配な場合は、子どもに気持ちや状況を尋ねたり、小児科医に相談したりしましょう。

　様々な発達段階に生じる典型的な行動と、それにどう対応したら良いかについては、巻末の「子どもとのセックストークのヒント集」に分かりやすくまとめましたので、参考にしてください。

0〜6歳の子どもの行為

　この時期の男の子（女の子も）にとって、自分や他人の体に興味を持つのはまったく正常なことです。自分の性器を触ったり、おしっこやうんちの話をしたり、（キスのような）性的な行為のまねをしたりするのは、どれも発達段階の想定内のことです。

　うちの子どもたちの間では「キャプテン・うんちパンツ」というあだ名が飛び交っています。それはおもしろがられたり、あるいは侮辱的なものとして受け止められたりしますが、いつもそこからおしっこやうんちの話が始まります。行動は結果によってコントロールされるものです[47]。行動をやめさせる最良のアプローチは、「悪い行動」を無視して、「良い」行動を肯定的に強化することです。おしっこやうんちの話は無視して、子どもが食卓できちんと座って、適切な言葉を使っている時に褒めたり、子どもにとって意味のあるご褒美をあげたりしましょう。

　幼い息子さんの部屋に入った時、子どもが裸でベッドに寝ていて、友だちが息子さんの勃起したペニスを観察しているのを見たことはありませんか？　そんな時、あなたは恐ろしさのあまり固まってしまい、どうすればいいのか、何を言えばいいのか分からなくなったかもしれませんね。多くの親にとって、これはまったく恐ろしいことで、想像もしていなかったことかもしれませんが、「お医者さんごっこ」はこの年齢の子どもにとって、まったく正常なことなのです。私たちの仕事は、正しい制限を設け、子どもの好奇心を認め、そして動揺しないことです。何が良くて何が悪

いのかを子どもに伝えるのは良いことです。しかしどんなメッセージを子どもに伝えるかに注意が必要です。子どもの正常な好奇心を、恥だと思わせてはいけません。

　こんな風に言ってみましょう。「きみたち、洋服を着る時間だよ。体に興味があるのはまったく普通のことだね。でもね、お互いのペニスを触ったり、見たりするのは良くないよ」それから、子どもが部屋で遊んでいる時は、ドアをあけておくように伝えるのも良い方法です。また、相手の子どもの親に起きたことを伝えておけば、その子が帰って親に何かを言ってもショックを与えずにすむでしょう。発達段階に応じた適切な性的行為について話すことに慣れたり、自分の家族に適した境界線を見つけたりするための良い機会だと捉えましょう。

　子どもの性的な発達は子宮の中から始まりますが、私たちの文化には、性的発達は思春期まで始まらないという誤った認識があります。子どもが何か「不適切な」ことを言ったり、お母さんのおっぱいをつかんだりすると親は恥ずかしいと思いがちですが、それもこれも子どもの学習の一つなのです。たしかに子どもの社会化を助けたり、境界線を決めたりするのは親の役割ですが、親が恥や羞恥心を持ったり、時に罪悪感を抱いたりする必要はまるでありませんし、それは実際に子どもの発達の妨げになります。

　親が気詰まりな様子を見せると、子どもがそれを察知して、その行為が異常で許されないものだという感情を内在化してしまいます。すると自分や他者のセクシュアリティを不快に感じる大人の男性になってしまい、感情や性的欲求にどう対処したら良いか分からなくなってしまうかもしれません。ですから、こうした好奇心は自然なものであることを忘れてはいけません。そして親はそれに慎重な反応を示す選択をすべきです。恥や否定的な気持ちを作り出したくはありません。自分自身の内面の反応や感情をコントロールして、子どもを見守っていくのが最も良いアプローチ

です。

　息子さんが6歳になる前から、セックスや体や恋愛について話し始めるのが理想です。しかし、まだ息子さんが6か月なのにこの本を買う人はいないかもしれません。意図的であるかどうかにかかわらず、ここ数年の間、現実に目をつぶってきた人もいるでしょう。でも悩む必要はありません。男の子と対話を始めるのに遅すぎるということはないのです。息子さんから尋ねられる前に、先手を打ちましょう。体に関する本を買って用意しておきましょう。そして、無理強いはせずに、息子さんに渡しましょう。セックスや体についての疑問がきっと出てきます。もしまだであれば、そういう時のための本を用意しておきましょう。

6〜12歳の子どもの行動

　この年齢になると子どもの世界は社会的になります。親はまだ幼い子どもだと思っていても、彼らはすでに多くのことを学んでいます！　家でメディアの使用を厳しく制限したとしても、息子さんの友だちの家も同じルールだとは限りません。YouTube などのサイトで「成人向け」のものに出くわすこともあるでしょう。あわててポルノについて説明する必要はありませんが（すでにポルノの説明を聞く準備のできている子どももいますが）、子どもが目にするかもしれないものについては話しておきましょう。裸の人、悪い言葉、大人が大人のことをしているところ、などについてです。子どもがポルノを見始める平均年齢は11歳という調査結果があります[(48)]。オンラインで知らない人から自分の身を守る方法や、自分の情報を与えない方法も教えておきましょう。率直に、正直に、具体的に話しましょう。不必要に怖がらせてはいけません。

　私が8歳から10歳の息子たちから去年受けた質問は次のようなものでした。「セックスって何？」「性病って何？」「どうやっ

てうつるの？」「ポン引きってどんな人？」「レズビアンの女の人はどうやって赤ちゃんを産むの？」「どうしてぼくのペニスが時々固くなるの？」こうした質問の多くは、友だちやネットから知ったことがきっかけになっています。まだ尋ねられていなくても、それはもうすぐそこまで近づいています。すでに男の子の頭の中にはあるかもしれません。これもすべて正常なことです。

　ある時、私が何か物をつかもうとして誤って中指を立てた時、息子が「ママはぼくに指マンしたね！（You fingered me!)」と言いました。私は気持ちを落ち着けて説明しました。「指マンっていうのは指を誰かの膣に入れることなんだよ。あなたが言いたかったのは、ママが中指を立てた、ってことだよね」息子は「ああそうなの」とだけ言うと、すぐに忘れてしまったようでした。

　こういう時の最良のアプローチは、できるだけ冷静になることです。時間が経つにつれ、あなたが気まずそうにしなければ、息子さんも気まずい思いをしないということが分かるようになるでしょう。不意を突かれた場合（ほとんどがそうですが）は、こう言えば良いでしょう。「いい質問ね。少し考えさせて。なぜそんな質問をするの？　何を聞いてきたの？」そして男の子に話させましょう。彼が何を知っているか少し情報を集めて、どう返事をするかに役立てるのです。対話を始めることが重要です。すべての答えを知っていることが親の仕事ではありません。あなたの仕事は息子さんとの会話に参加することです。知らないことがあってもかまわないのです（たとえば、「ペニスや膣が全部揃っていない人のことを何と呼ぶの？」のように。ところで参考まで、その答えは「インターセックス」です）。答えをごまかしてはいけません。分からないことは、答えを見つけられるように子どもを助けましょう。ここで最も重要なのは、あなたとセックスについて話してもいいのだというメッセージを送ることです。「どんなことを聞いてもいいし、分からないことは答えを見つける手助けをするよ」という

メッセージです。自分にはすべての答えが分かっているわけではないと、自覚しておきましょう。

11 ～ 18 歳の子どもの行動

「子どもの成長は早い」と親はよく言いますし、それは事実です。ある日、ビデオゲームの話をしていたと思ったら、次の日は誰と誰が付き合っているというような話になります（もっとも、あなたが幸運にもそういう話の仲間に入れてもらえればの話ですが）。会話の内容が突然、子どもっぽいものから親の手に負えないものに変わるのは、そういう時です。そして親は準備ができていないため、そういう成熟した会話にどう対応したら良いか分からないことがよくあります。

しかし、親が子どもと強い関係を築き、セックスについて開放的に話し合うという前準備ができていれば、この段階がずっと楽になります。この段階では、社会的ダイナミクスの乗り越え方、性と恋愛の安全性、健全なライフスタイルの選択といったことが、突然、子育ての最前線へと押し出されてきます。

20 歳の患者さんが、ある時こんな話をしてくれました。「12 歳の時、友だちとポルノを見ていたのを覚えています。おもしろくて興奮しました。みんな夢中でしたよ。友だちと一緒に座って、自慰をしました。しばらくの間、ほとんど毎日放課後にやっていました。当時は、まったく普通のことで、気持ち悪いとは思っていませんでした。新しいことを探求するのは最高な気分だったのです。でも大きくなって振り返ってみると、おかしな気持ちになります。なぜか、恥ずかしく思ってしまうのです」。振り返ってみて、こういった経験を恥ずかしいと感じたり、何か悪いことをしたかのように思う男性がよくいますが、友だちと一緒に性的な探求をするのも正常なことです。

子どもたちが成長して、私たちの文化に潜む同性愛嫌悪の非常

に強い明確なメッセージを知ると、彼らは昔のごく普通の経験を恥や批判と思ったり、自分について大きな疑問を抱きながら振り返るようになります。ですから読者の皆さんに是非知ってほしいのは、友だちと一緒に自慰をしたからといって必ずしもゲイではないということです。それにゲイであっても（それはまったく問題ないことですが）、こうした行為は多くの少年のノーマルなプロセスの一つなのです。

　私たちがどのような道徳的な信念を持っていようと、10代の57%が少なくとも毎月ポルノを見ようとしているという事実があります[49]。ポルノに惹きつけられる最も強い予想因子は男性であることです[50]。ポルノは女性を従属させたり傷つけたりすると評されるため、ポルノには多くの入り混じったメッセージや強い感情が伴います[51]。ポルノ・ユーザーの30%は女性だとも言われているのですが[52]。自分も見ていたことがあると振り返って、大した問題ではないと思うこともあるでしょう。同時に、息子がポルノを見ると、暴力的なレイピストやセックス依存症になるのではないか——少なくともセックスに対する歪んだ期待を持つのではないか——と不安にもなることもあるでしょう。しかし、前者の可能性は後者よりも低いのです。

　最近、恋愛とセックスのセラピストの間で、「ポルノを見ることは健全か」という議論がありました[53]。そこで知ったのは、ポルノが皆同じように作られているわけではないということです。ポルノはツールでしかなく、使い方によって問題になるかどうかが決まります。ポルノは人生の他の面に悪影響を与えるものでしょうか？　それによって、私たちは現実の恋愛を避けたり無視したりしているのでしょうか？　あるいは、ポルノが不安やその他のメンタルヘルスの問題をコントロールするのに役立っているのでしょうか？　それは非現実的な性的基準を作り出したり、あるいは、自分の妄想や性的な世界を理解するために役立っている

のでしょうか？　ポルノにおける、バランスの取れた力関係の性行為と、集団レイプとには違いがあります。また、ゲイの少年にとっては、男性同士のゲイ関係を見たり、自分のエロティックな内面世界を構築したりできる唯一のアクセスがポルノかもしれません。それがなければ閉じこもってしまいがちな人々の教育や解放につながるかもしれません (54)。

　息子さんのネット使用を取り締まったり、家庭内のポルノ監視人になることが目的ではありません。世の中にはどんなポルノがあるのか（種類、良いもの、悪いものなど）、そしてあなたの息子さんがどう感じているのか話し合うことを目的にしましょう。ポルノを見る前、見ている時、見たあとでどんな気持ちになるか率直に尋ねてみましょう。そうすることでポルノからどんな影響を受けているかに、より気づいてくれるでしょう。自分が好きだと思うポルノについて考えることを通して自己認識を高めるよう促しましょう。口に出してあなたに語らなくても、自分の中で考えるだけでもいいのです。なぜそれが好きなのか？　そこから得るものは何か？　恋愛相手や自分自身のセクシュアルライフについての考え方に、どういう風に影響を与えているのかを共有しましょう。ポルノは、自分にとってどんな機能を果たしているのか？　空想を高めたり、あるいは現実を妨げるものなのか？　こうしたことを考えることによって、それが人生で求めていることなのか、自分の人生にポルノが必要かどうか、自分のための良い決断をするのに役立つかもしれません。

　他のどんな会話とも同じように、ポルノが息子さんにどんな影響を与えているかを、あなたの子ども時代のような罰を伴う権威主義的なアプローチではなく、好奇心を持って聞いてみましょう。そして彼の側にも質問したり、考えを共有したりする機会を与えてください。ワールドワイドウェブの出現によって、今の少年たちには 24 時間いつでもバーチャル・リアリティのオンライン・

セックス体験が利用できるようになっています。昔ガレージの隅っこに隠したプレイボーイマガジンとは今や、インパクトが違うのです (55)。それは正直に認めた方がいいでしょう。

　ポルノの他には、セックスの仕組みよりは、むしろ、同意、健全な恋愛関係、安全なセックス、境界線、自分の心地よさの探求、安全な性の探求、自分の体についての羞恥心や、体の持つパワー、共感、性的なことについて他人と話す方法といったことについて教えることが多くなります。多くの 10 代や若者は、愛情のある持続的な恋愛関係を築くための情報が不足しているため、不安を感じているものです。

　ハーバード大学教育大学院のプロジェクト『Making Caring Common（思いやりを広めよう）』のウェブサイト（https://mcc.gse.harvard.edu）には、持続的で親密で安全な恋愛関係を築くための、親にも子どもにも役立つ優れた情報が記載されています。このプロジェクトによる 3000 人の高校生と若者を対象とした調査で分かったのは、70％もの若者が恋愛の感情面についてもっと情報を知りたかったと答えていることです (56)。さらには、自分の子どもはそんな風に思っていないと親は思うかもしれませんが、男性の 32％と女性の 22％が、恋愛関係の主導権は男性が握るべきだと考えていることも分かっています。

　回答者のほとんどが、安全で、健全で相互的な関係のカギとなる側面について親と話し合ったことがないと答えています。58％の回答者が「相手を尊重する思いやりのあるセックス・パートナー」になる重要性について親と話した経験がないというのも、性的な話に親が気まずさを示していれば、驚くことではありません。一方、親とこうした会話をしたことがあると答えた人の多くは、そこから少なくとも何らかの影響を受けたと言っています。

　次の『Making Caring Common』のヒントを使って、是非、息子さんと大切な会話をしてください。

●セックスをする前に、パートナーもしたいと思っているか
　どうか、そしてセックスをすることに不快感がないかを確
　認しましょう。
●セックスをする前に、自分も快適かどうか確認しましょう。
●セックスを人に強要しないことが重要です。
●相手がノーと言ったら、何度もセックスをしようと誘い続
　けないこと。
●酔っていたり、セックスの判断ができない状態にある人と
　セックスをしないこと。

　この段階におけるあなたの役割は、質問を投げかけて選択肢を
示し、10代の息子さんに自分の行動がもたらす長期の結果につ
いて考えさせる手助けとなることです。もちろん家族が大切にし
ている価値観やルールもあるでしょう。あなたの仕事は、10代
の息子さんがそうした価値観やルールという制限の中で、適切な
判断を下せるようサポートすることです。
　こう言ってみればどうでしょう？「マディソンとセックスした
いの？　今夜のパーティで、彼女があなたとセックスしたいと
言ったらどうする？　どんな選択肢があるかな？　その良い点と
悪い点を考えてみようよ。それぞれでどんな気持ちになると思
う？　その時の気持ちと、翌日の気持ちは、どうだろう？　彼女
はその時と翌日では、どんな風に感じるかな？　セックスするか
どうかを決めるのに、どんなことが影響を与えると思う？　彼女
の判断はどうだろう？　あなたは賢い思いやりのある少年だよね。
すべての答えは自分自身の中にあるんだよ。一緒にそれを探そう
よ。選択肢をすべて正直に見てみようよ」。巻末の「子どもとの
セックストークのヒント集」に他にも話し方の例が出ているので
参考にしてください。

フェミニストの心得

考えなくてはならないことがたしかにたくさんありますね。この章で述べた理論による裏付けを日々の子育てに反映させることで、セックスについて子どもと話す準備ができたと思っていただければ幸いです。一度にすべてを覚える必要はありませんが、息子さんの発達段階に合わせて、必要な箇所をいつでも読み直してください。

私は恐怖心をあおるためにこうしたことを述べているのではありません。むしろ、それを普通のこととして捉えていただきたいのです。男の子の生理的な発達を変えることはできません（彼は何も分からない赤ちゃんから、いずれは性的な男性へと成長**するのです**）。でも、息子さんが自分や他者を現在、そして将来どのように捉えるようになるか、それに伴う物語を変えることはできます。適切な自己反省、自己認識、説明責任、共感、つながり、自己修正などが、生涯続くしっかりした内なるコンパスとなるのです。そこに到達する手助けをしましょう。

最終的には自分を信頼すればいいのです。子どものことが一番よく分かっているのは、あなたなのですから。自分も息子さんも教育し、それには時間がかかることを認識し、息子さんが失敗するのを側にいて認めてあげましょう。あなたの直観的な知識と常識を使いましょう。この章で述べたフレームワークが、きっと必要な時にあなたを導いてくれることでしょう。

第3章

男の子をアライとして育てるための
内面作り

フェミニズムとは誰もが平等であることです。平等を信じ、社会の制度に女性のニーズや要望を取り入れる努力をするフェミニスト男子を育てたければ、彼を**アライ**にしなくてはなりません。アライとは、支配的なグループの中にあって、疎外された集団への抑圧をなくそうと努力する人を指します[57]。ここでは、私たちが焦点を当てるのは、（支配的な集団の一員である）男の子を、女性やすべてのジェンダーの人への抑圧をなくそうとする人に育てることです。それはすべての人の味方になることと同じアプローチです。

　私たちの文化では、すべての人にとって良いことや価値があることは何か、というメッセージの多くは、男性だけに焦点が当てられています。強さ、感情の切り捨て、独立心、競争力といった「男らしさ」の特徴に意識が向けられているのです[58]。少し立ち止まって考えてみましょう。私たちは日常的に「she」や「they」ではなく「he」を使うことが多いことでしょう。「ポリス」ではなく「ポリスマン」、「ヒューマンカインド（humankind、人類)」ではなく「マンカインド（mankind)」と言うことによって、日常的に性差別が発生します。

　主導権を握っているのは、男女どちらでしょう？　職場を見回してみてください。国の責任者は誰ですか？　私たちが、女性や女らしさよりも、男性や男らしさに価値を置く社会を作ってしまったことが容易に理解できます。すべての設計図は男性と男性のニーズに基づいています。これを**家父長制**と呼びます。平等だけが論点ではありません。女性の声とニーズを設計図に組み込むよう議論すべきなのです。

　特権とは一次元なものでも直線的なものでもありません。特権は明らかにインターセクショナルで、たとえば貧しくて障害のある白人男性は、裕福で壮健な白人男性の力に社会的な評価で劣っています。貧しい黒人男性は、社会的に良いことをしているかど

うかにかかわらず、一般的に脅威と見なされます。それに性的指向、ジェンダー、年齢、容姿がどれほど理想的な美のイメージに近いか、といったことが加われば、権力と特権、不利益と差別が同時に重なり合い、相互依存しているかが明らかに分かるでしょう。そして社会の中で誰の声が最も重要視されるかという、複雑なヒエラルキーが作り出されるのです。

　男の子たちは交差するヒエラルキーのどこに位置していても、男子として社会的に高い地位を占めています。たとえば私の2人の息子は、国籍（アメリカ人）、肌の色（白人）、階級（上流中産階級）、性別（男性）、宗教（キリスト教）、言語（英語とフランス語）によって、非常に特権を得ていると言えます。こうしたステータスによって、苦痛や不安を感じなくなるわけではありませんが、生まれただけで様々な機会が与えられています。それは、父権社会という確立したシステムが彼らを支えているからです。

　高校や大学へ時間を進めてみましょう。ある2010年のアメリカの性暴力調査によれば、女性の5人に1人がレイプ被害に遭い、加害者の9割以上が男性であることが分かっています[59]。男の子の価値観が、どんな選択をするかを決めるのです。自分には欲しいものを手に入れる権利があると学習し、そう感じていれば、性的暴行の高い発生率が続いても当然だと言えます。

　男の子が、自分の社会的立場が人生の苦しみを緩和していること、そしてあらゆるレベルで自分を積極的に引き上げてくれていることを正しく理解できるように、手助けをするのが親の仕事です。自分の立場を使って人の上に立とうとしたり、何の努力もせずに高給で指導的な役割を得たり、欲しいものを手に入れるために害を与えたりするのではなく、一歩退いて自分を客観的に見てみるべきです。学校でも、友人関係でも、グループを作る時でも、より包摂的でバランスの取れた環境と、よりインクルーシブな文化を作ることを目標にしましょう。

男の子は何歳であってもアライになれます。涙を流す人をハグする幼い男の子。幼稚園の砂場で女の子のクラスメイトと一緒にトラックで遊ぶ男の子。同じアニメ「スティーブンユニバース」が好きだからトランスジェンダーの女の子とお弁当を食べる男の子。ジェンダー・ニュートラルなトイレを作ろうと他の子たちにも呼び掛ける人気者の男の子。アジア系アメリカ人のガールフレンドの真の経験を知って、自分の考えが狭すぎたりまちがってさえいたと認められる男の子。こんな男の子たちはフェミニストであり、アライでもあります。それは、平等を信念として、常に他者から学ぶべきと自覚し、すべての人をサポートするために社会の制度を変える必要があると認識しているからです。

　私の息子たちの中に、アライとしての意識が芽生え始めたきっかけがいくつかありました。ガールフレンドがいる友だちをからかっていた子に、9歳の息子が「やめろよ」と言った時。6歳だった息子が、警官が殺害したのは人種差別が原因だと言った時。11歳になった息子が、友だちの個人的な秘密を守った時。アライとは、ただ受け入れるだけではありません。信頼されて、いつでも他の人を精神的に支えられるのがアライです。

　大小様々な活動に家族で参加すれば家族ぐるみでアライになれます。「ウィメンズ・マーチ」に参加したり、祭日の親戚の集まりで同性愛嫌悪的な冗談に反対したり、家族の友人が迫害を受けたつらい話に耳を傾けたりすることです。自己認識を高め、個人としても家族としても説明責任を果たし、声を上げ、誰もが批判を恐れずに自分のすべてを共有できる安全で包摂的な場が作れることが、家族ぐるみのアライになることです。

　「親は息子にアライになることを教えられますか？　それとも共感とは生まれつきのものでしょうか？」という質問がよくあります。アライとは共感できる人だと思う人もいるでしょう。しかし、この2つは重なっていても、異なっているのです。アライが

共感的だという意味では重なっています。つまり、ある状況で他者がどう感じているかを理解するのが共感です。たとえば、エンパス（訳注：人の感情を敏感に感じられる人）は、車いすの子が校庭で遊ぶ子どもたちの仲間に入れないのを見て、心の中で悲しみを感じるかもしれません。しかし、エンパスとアライの役割は同じではありません。アライになるためには共感があるだけでは十分ではないのです。アライは自分の感情に基づいて行動し、誰でも受け入れられるより包摂的な環境を作るために行動します。共感とは、他者の気持ちを理解することです。そしてアライになるということは、他者の気持ちを理解して、その環境をより包摂的にするために何かをすることです。アライとは、車いすの子どもの気持ちが分かるだけでなく、その子に一緒に遊ぼうと声をかけ、どんな遊び方が一番いいかと尋ねられる子なのです。

　こうしたことはすべて教えることができます。強く、集中力のある、情緒豊かな少年を育てることは、私たちの文化を変えることにもなります。しかし現在は明らかに、感情の抑制が男の子の育て方のモデルになっています。「強力」で「強靭」なのが必然で、女性的と思われることはすべて、反男性的とされます。しかしフェミニストの新しいモデルはその逆です。感情は歓迎され、感情知能の育成が最重要なのです。すべての感情を認めて受け入れ、感情を表すことが強さの証しです。さらに、どんなジェンダー表現もすべて受け入れます。男の子は形も大きさも肌の色もみんな違います。女性的、男性的、あるいはその間のどこかに位置しても、それは皆「男の子のタイプ」なのです。

　フェミニストの男の子を育てることへの批判に、「男の子は所詮男の子」なんだから男の子として祝福し、フェミニストとして育てるべきではないというものがあります。ここに誤解があります。フェミニストの少年は、必ずしも**女性らしい**男の子ではありません。もちろんそうであってもかまいませんが。フェミニスト

男子とは、すべての人の平等と公平な機会を信じる少年です。フェミニスト男子は、感情に敏感で、自己認識力が高く、公平な環境を作るために行動を起こします。

　あなたの育て方と、息子さんが包摂的な環境を作り、すべての人を心から正当に評価しサポートする人になれることには密接な関係があります。それが実際にどういう意味なのか、家庭でそのために何ができるか深く掘り下げ、考えてみましょう。そしてフェミニズムのための子育てのアイディアを具体的に考えましょう。

健全な同調と愛着を育てる

　同調（子どもへの反応）が**愛着**（絆）を生み出します。この絆は、生涯を通じて自尊感情と健全な人間関係を築く上で非常に重要です。

　しっかりした絆を持つ少年はより良いアライになれます。自分を超えてものごとを見ることができる内的なリソースを兼ね備えているからです。安全な基盤と健全な自尊感情があれば、他者への思いやりや共感が育ちます。後程この章で、アライに必要なカギとなる面の育成に役立つ方法をご紹介します。知識とスキル、寛容とサポート、抑圧の認識などです[60]。まずは、息子さんが平等のために立ち上がる基礎を築く方法について述べていきましょう。

同　調

　同調とは何でしょうか？　ダン・シーゲル博士は「同調とは他者に対する反応性であり、人間関係を築くプロセスである[61]」と述べています。あなたの言ったことが誰かに、しっかり受け止められ、感じてもらえ、見てもらえた時のことを考えてみましょ

う。その人はあなたの内面とつながることで、その時の自分自身
のニーズや欲求から外へ踏み出すことができたのです。それが同
調です。

　あなたが息子さんのニーズに同調すると、彼は自分自身の感情
とあなたの感情とを深く結びつけます。そしてそれが彼がこれか
ら生きていくための感情のフレームワークを構築するのです。

　赤ちゃんとの同調は、泣いていることに養育者が気づき赤ちゃ
んのニーズに応えるといったことです。赤ちゃんのニーズに常に
対応していれば、安全な絆が形成されます。自分のニーズに対応
して世話をしてもらえると信じる幸せな赤ちゃんとなるのです。
泣いている赤ちゃんは、主な養育者を求め、ニーズに応えてくれ
る人にしがみついて少し落ち着きます。赤ちゃんが親の腕に抱か
れて安心するのは、親が効果的に対応して、適正な時にニーズを
満たしてくれるからです。これが同調です。

　もう少し育つと、男の子は体が大きくなって、感情もより発達
しますが、その他の面ではまだそれほど大きな違いはありません。
彼にとっての同調は、親が効果的に自分を読み取ってくれること
です。私の9歳の息子が学校から帰ってきて、「大丈夫だよ」と
言った時、彼の表情と非言語的なヒントから、何か問題があるこ
とに気づきました。時間をかければ心を開いてくれると信じて、
私は息子の部屋に行き、しばらく一緒にベッドに座っていました。
20分ほどして、彼は話し始めました。新しい髪型を誰かにからか
かわれたと言うのです。彼は恥ずかしくなって、モヒカン刈りに
したのは良い選択ではなかったかもしれないと思い始めました。
これが少し大きくなった男の子との同調です。同調できる子ども
は、親切で共感力があり、人にやさしい傾向があります。なぜな
ら、彼は親との関係を通して「世界は大体安全なところだ」と学
び、自分は愛されていると感じているからです。

　子どものニーズに同調する親は、子どもが親とうまくつながれ

るような環境を作ります。幼いうちに養育者と安心できる絆を築ければ、安全な基盤ができます。そして人間関係や人間に対する信頼感が育ち、自由に探検したり、他者とつながりを持ったりできるようになります。

　同調とは、単にその時の子どもの感情に気づいて共感するだけではありません。もっと深いレベルで、彼にとって何が重要なのかを知り、気づき、それを言葉に表すことです。あなたの幼い少年がサッカーが好きなら、チームや選手の成績やプレイのすべてについて何でも知っているでしょうね。「最近どんなプロのゲームを見に行ったの？」とか、「好きな選手は誰なの？」と尋ねれば、きっと彼の目が輝くでしょう。サッカーが好きだと、あなたが覚えていてくれたことと、自分をこんなに理解してくれているんだと感激し、心を開いて対話ができるようになります。これも同調の一例です。

　いくつになっても、息子さんと同調することができます。子どもの成長によって同調の方法は変わるかもしれませんが、時空を超えて一貫している基本的なことがあります。

●**自分がする非言語的なコミュニケーションに注意しましょう**。私たちのコミュニケーションの多くは非言語によるものです。息子さんが話している時は、携帯を置いて、目をじっと見て、彼の言っていることがあなたにとって重要だと伝えましょう。

●**子どもに話をリードさせましょう**。話したい時もそうでない時もあるでしょう。あなたの側にいたい時も、そうでない時もあるでしょう。それに気づいたら言葉にしましょう。（「今話したくないんだね？」）そして彼の気持ちを尊重すると伝えます（「いいよ。私にもそういう時があるよ。話したくなったら、いつでもここにいるよ」）。

- **彼の気持ちに共感を示して認めましょう。**息子さんが気持ちを話してくれたら、それを繰り返して（「すごく悲しかったんだね」）、彼の気持ちを認めてあげましょう（「そういう気持ちになるのもよく分かるよ」）。

- **彼の体験に興味を示しましょう。**助言をするのはちょっと待ちましょう。自由に答えられるような質問をしましょう。「今日のサッカーどうだった？」「昨日の夜のパーティの良いところと悪いところは？」「もし魔法の杖があったら、教室や先生をどう変えたいと思う？」のように。状況にどう対処すべきかという考えを押しつけないように注意しましょう。その代わりに、深く考えさせる質問をしましょう。「そういう気持ちになるのは理解できるよ。もう一度やれるとしたら、どう変えたいと思う？」今の彼の気持ちのレベルの奥にある考えや感情に届くような質問をしましょう。一番深いところにある本当の気持ちや考えにたどり着けるよう、深く深く掘り下げることを思い描いてみましょう。「その考えの下にはどんな考えがあるのだろう？」と自分にも、息子さんにも問いかけましょう。人は、自分の人間としての核心的な体験を理解してもらえれば、自分に目と耳を向けて同調してもらえたと感じるものです。それを探るのです。

愛　着

　同調と愛着は相伴うことが多いのですが、少し違いがあります。愛着は、2人の間の緊密な感情的な結びつきで、一般的に子どもと親（あるいは初期の養育者）の間のつながりを指します[62]。愛着は通常、健全な人間関係の中で、お互いのニーズに同調することで形成されます。子どもは反応してくれる養育者に、大変基本的なレベルで愛着を持ち、人は愛情深く、世界は安全なところだ

と学ぶのです。こうして子どもは主な養育者との関係から、他者との関係へと移行できるようになります。愛着スタイルは生後1年半内に決まると考えられていますが、その時に築いた関係のパターンは生涯続きます。ただし意識と努力によって変わることもあります(63)。

　愛着のタイプを知ることは、息子さんの健全な発達を理解する枠組みとなるだけではありません。あなたが感じてはいても、よく理解できない、暗黙のダイナミクスについても知ることができます。たとえば、最近私のクリニックにクリスという男性が来ました。彼はティナという女性と付き合っていました。ティナにはエリックという名前の9歳の息子がいました。ティナの夫は、エリックがまだ3歳の時にがんで亡くなっていました。クリスとティナが付き合い始めた時は、すべてがうまくいくように思えました。エリックはクリスによくなついていました。以前エリックが母親のボーフレンドの多くを追い払って、彼女の恋愛を「台無し」にしていたからティナはひやひやしていました。男性が母親に会いに来ると、エリックはひどい態度で、意地悪をしたり、癇癪を起こしたりしていたのです。でも、クリスとエリックは、野球のゲームを観に行ったり、一緒に遊んだり、とにかく共に時間を過ごして結びつきを深めていきました。2人が付き合い始めたころに、クリスはエリックを週末に家に招いて「男同士」のお泊り会をしました。そんな時、エリックがクリスに、自分の母親と結婚するよう提案したといいます。

　しばらくして、3人の関係が進むにつれて、エリックの行動が限界を超えるようになりました。無礼な態度を示したり、逆らうようになりました。エリック少年の愛着スタイルが不安型だということが私には明らかでした。幼い少年はすでに多くのことに耐えてきました。そのため、親密さや親近感というものが、傷つきやすさや喪失感とつながっていたのです。彼は父親のような存在

を切望していましたが、親密さを失うことを恐れていました。少年は（自分と父親との関係、そしてその後の母親の恋愛関係を通して）それが避けられないと、すでに学習してしまっていたのです。クリスはそのことを理解し、エリック少年の根底にある怖れについて話し合うことができました。エリックの（不快な！）態度に反応するのではなく、彼の怖れに、ティナもクリスも共感することができ、3人の関係の方向性が変わるのに役立ちました。

　4つの異なる愛着タイプを見てみましょう。

無秩序型愛着スタイル

　無秩序愛着スタイルの少年は、親の行動が予測できないため、親に対して複雑な感情を抱きます。親が家に帰って来ると、親に駆け寄りますが、すぐに離れたり、親を叩いたり、床にしゃがみこんだりと混乱した様子を見せます。それは赤ちゃんは生存のために、大人、特に養育者に安らぎを求めるようにできているからです。

　しかし、親から虐待（感情的、身体的、性的な虐待）を受けると、親の存在が安らぎであると同時に、苦痛とトラウマの源にもなります。すると子どものニーズを満たすための安全で有効な方法が失われてしまいます。残念なことに、最もつらい長期的な結果を被るのは、こうした子どもたちなのです。自分をなぐさめる健全な方法を持たず、人を信用せず、社会的なつながりや交流が不得手で、ストレスをうまくコントロールすることができなくなります。すると、攻撃的や敵対的な行動を取るようになるため、成長するに従って、こうしたすべての要因が積み重なっていきます。世界は危険なところで人は信用できないと根本的に学習してしまったからです。

　もしあなたの息子さんに、人間関係の混乱が見られるようなら（宿題を忘れたり、靴下をほっぽらかすというような混乱ではありませ

ん）、彼のこれまでの人生の大切な人間関係において予測不能な
行動や、安全性の欠如がなかったか、振り返ってみてください。
あなたは彼に危険を感じさせていませんか？　あなたの育児能力
がどこか損なわれていませんか？　他の誰かが、過去あるいは現
在、息子さんをそんな気持ちにさせていませんか？　彼はあなた
を恐れたり、予測できないと感じていたりしていませんか？　安
全で安心できる関係を築くにはどうすれば良いでしょう？

　この愛着のタイプの少年は、たとえ善意や愛情があっても、メ
ンタルヘルスや薬物依存の問題や、健全な人間関係や子育ての知
識の不足のために、健全な方法で育ててもらっていないことがよ
くあります。

　あなたの息子さんが、無秩序型の愛着スタイルだと思ったら、
安全で安心できる予測可能な関係を築くことに集中しましょう。
メンタルヘルスの専門家の助けを求めることも、あなたにとって
も子どもにとっても有益でしょう。愛着のスタイルを変えること
は可能ですが、それには集中力と努力が必要です。

回避型愛着スタイル

　回避型の愛着スタイルの男の子は、主な養育者が感情を見せな
かったり反応してくれなかったりすると、自分のニーズを閉ざす
という反応をするようになります。親が部屋に戻ってきた時でも、
この愛着スタイルの子どもは、物理的に親の近くにいることによ
る親密さを求めているにもかかわらず、親の側に行くのを嫌がり
ます。お腹がすいて泣いているのに誰も来てくれない幼児を想像
してみてください。次第に彼は、自分でおやつを見つけることを
覚え、泣くことをまったく回避するようになります。

　このような少年は多くの場合、非常に自立していますが、それ
は必要に迫られてのことであって、人との親密なつながりの代わ
りに自立心が未熟なまま発達するのです。自分をなだめたり、自

分の世話をすることに長けていますが、彼らの世界は閉鎖的に
なっていきます。他者を必要としなくなって、親密さを築けませ
ん。こうした特質は私たちの文化的な男らしさのフレームワーク
によく当てはまります。男の子は感情的にならないように、感情
的なニーズや欲求を抑えるようにと期待されるのです。

　あなたの息子さんが、宿題や家の手伝いを避けても、それは回
避型愛着の行動ではありません。回避型愛着は、親密で感情豊か
な人間関係を避けることとして現れます。幼いころ、反応の悪い
養育者がいなかったか、思い出してみてください。あなた自身は
どうですか？　ある意味で潜在的に無反応でしたか？　無反応に
は、感情的なネグレクトのような極端なものから、仕事で慢性的
に「忙しすぎて」子どもの日常の感情やその時々の体験に興味を
持てない、という微妙なものまで様々です。また親に飲酒などの
問題があって、感情的な絆の構築が妨げられている場合もありま
す。

　もし息子さんの愛着スタイルが回避型かもしれないと思ったら、
あなたの関心、愛情、信頼性を示す方法を見つけてください。回
避型の男の子は、人に頼れないので自分のことは自分でやるしか
ないと学び、自立を余儀なくされているということをお忘れなく。
あなたに頼ってもいいと示しましょう。たとえば、「今日の試合、
見に行くよ」と言ったら、必ず行くようにしてください。

　回避型愛着スタイルを変えるには、子どもの試合の場に物理的
に現れればいいわけではありません。感情的にもそこに行くこと
が、より重要なのです。彼の日常の感情に関心を示しましょう。
前述したような、気持ちについての自由な質問をしましょう。彼
の考えや気持ちや体験を受け入れる余地があることを示しましょ
う。彼を愛して大切に思っている、そして彼がどんなことに関心
があるのかを知りたいと伝えましょう。

不安型愛着スタイル

　不安型愛着スタイルの子どもは、親から離れることに不安を感じます。親の行動や反応が予測できないからです[64]。親が男の子を幼児化してしまい、自主性や、親から離れて探検しようという意欲や気持ちを抑えてしまうことがあります。年長の子どもや大人で、この愛着タイプの人は、依存心が強く、なかなか気持ちを落ち着かせられない、未熟な人となります。自身の内的な世界や近しい人の世界が不確かに感じられるため、共感したり、関心の輪を広げたりする余裕がありません。

　あなたの息子さんが不安型の愛着タイプかもしれないと思ったら、こんな自問をしてみてください。すべてをコントロールするのは親のあなた（あるいは他の養育者）で、あなたのいない世界は危険だというメッセージを、あなたや誰かが彼に送ったことはありませんか？　あなたは無意識のうちに、彼を保護し何でもやってあげることで愛情を示し、世話をしたことで、彼があなたから離れて自分で探求したりスキルを身につけたりする機会を失うような状況を作り出していませんか？　あなたは子どもにかまいすぎて、過保護にしていませんか？　良かれと思ってしてきた子育てでも、健全な感情による愛着にとっては害となるのです。

　もしあなたに心当たりがあるようなら、親として少し距離を置く必要があるかもしれません。これまでどおり愛情はたっぷり与え続けながら、「やってあげる」を少し控えましょう。あなた自身も息子さんから離れるための努力をしましょう。過剰な介入やコントロールによってあなたが得たいものは何ですか？　息子さんが安全に探求したり、つまずいたり、転んだり、また起き上がったり、学んだり、成長したりできると、確信できますか？もしできなければ、それはなぜですか？　それは、**彼**の問題ですか、それとも**あなた自身**の問題ですか？　つまり、**あなたが**子ども時代から背負ってきたものを、今の親子関係に持ち込んではい

ませんか？　それとも、それは現実的な本当の問題でしょうか？
（たとえば、息子さんに障害があって、世話をしたりコントロールが必要
な場合）

　息子さんがどんな人で何を必要としているかにかかわらず、
（彼特有のニーズに合わせて）彼が自分の人生を探求したりコント
ロールしたりできるためには、どんな方法があるでしょうか？
あなたの小さな少年は、あなたから離れて庭で一人で遊べます
か？　少し大きくなった少年は、街の向こうのマーケットまで自
転車で行けますか？　高校生の息子さんは、親が１時間ごとに居
場所を追跡したり電話をかけたりされずに夜、外出できますか？

　少し退いて、息子さんをもっと信頼してみましょう。自由と自
立を得た瞬間に、彼は自分について深く学び、自己効力感を高め、
失敗と回復の方法を学ぶことができます。

安定型愛着スタイル

　安定型の愛着タイプの男の子は、親が離れると自分の気持ちを
表しますが、そのあとには落ち着くことができて、親が戻って来
た時には愛情深い反応を示すことができます。このスタイルは成
長しても変わりません。人間関係でも心を開き、他人を理解し、
自分の気持ちを表現できます。また、自分の気持ちを落ち着かせ
たり、挫折にも耐えられます。10代になると初恋の相手に熱烈
に恋い焦がれますが、相手にオープンに気持ちを告げることがで
き、別れた時には打ちのめされますが、時と適切なプロセスを経
て、また前進できるようになります。

　彼は健全な感情を示せる人間関係を築くことができます。適切
な愛着を持ち、残念な結果には悲しみを表し、それでも自分は大
丈夫だと信じる自尊感情があります。こうした男の子は共感力が
強く、他者を効果的に理解することができます。それは根本的に
自分自身を理解し、信頼関係による感情的な体験と深く結びつい

ているからです。良きアライとなる要因は他にもいくつかあります
すが、彼らは最も良きアライとなります。

　あなたの息子さんが安定型の愛着タイプなら、それは素晴らしいことです！　あなたは親として、安定した愛情と注意、信頼と探求の自由の良いバランスを見つけたのです。明確な境界線と期待を持ち、探求したり学んだりする十分な余地を持った、温かく、気持ちのこもった、息子さんとの相互関係に集中してください。息子さんは成長するにつれて変わっていきますが、愛情や安心感、そして探求できるスペースが必要なのは変わりません。

　男の子が安定した愛着を持てるようにするための、究極の目標は絆の構築です。そのためには、楽な時も不満な時も困難な時も、つながりを維持しましょう。問題行動に対処しながらでも絆は保てます。あなたの愛情や、愛情の撤回を、罰として使ってはいけません。理解され愛されていると感じる男の子は、自由に他者を理解したり愛したりすることができます。

　心理学者として多くの家族を見てきて明らかなのは、愛情を受け、安定した愛着を持つ子どもは、他者をよく助けられるということです。なぜなら、自分と他者を認識し、共感し、強いつながりを作る力があるからです。この章には、健全な感情を持つ男の子の育て方が書かれています。それは子どもたちや養育者だけでなく、社会を変える力にもなるのです。それは次世代の男性を育てているあなたが、今、手にしている力です。

健全な感情の発達

　健全な感情の発達とは、自分を理解し、自分の気持ちとその理由に気づいて理解し、その気持ちを効果的に他者に伝え、人と前向きな関係を保つ能力です。「感情知能」（EI）と呼ばれることもあります。感情知能が高い人は、気分が良く、他者にとって良き

アライであり、良い友人であります。自分のタンクに十分な「感情の燃料」があるので、誰かのために最後まで頑張ることができます。フェミニスト男子になるには最適です。ハーバード大学の調査によれば、高い感情知能が可能にする親密な人間関係が、生涯続く幸福と健康を予見するといいます[(65)]。

　感情知能が高い人とは、たとえば、パートナーの特別な日をいつも覚えている人や、落ち込んだり悲しんだりしている時に側にいてくれる人、相手に十分なスペースを与えることと自分の存在感を示すこととのバランスがうまく取れている人です。記念日にカードを贈ったり、あなたがチューリップが好きだというだけの理由で、時々わざわざ花を買ってきてくれる人、20分も回り道してあなたの好きなタイ料理をテイクアウトしてきてくれる人です。こういう人は私たちの周りにもいますね。自分のことを自由に安心して話してくれると同時に、相手のこともきちんと意識してくれるような人、柔軟で回復力があり、クリエイティブで共感力があり、概して聞き上手な人です。こういう人は自尊感情も高いことが多いのです。このタイプの人と一緒にいると、自分を見てもらえて、話を聞いてもらえて、評価してもらえたと感じられます[(66)]。

　感情知能の高い少年は、動揺しても気持ちを落ち着かせることがうまく、生理的にも静める（心拍数を下げる）ことができるため、健康状態も良好です[(67)]。友だちが多く、人のことをよく理解できます。また、仲間に共感を持ち、自分の気持ちを表すこともできます。イライラしたり動揺した時でも、自己規制がきちんとできます。周囲の人の気持ちに配慮することができるので、友だちや大人にも好かれる傾向があります。学校で順番を守り、他の子どもを助け、変化が起きてがっかりした時にも柔軟に対応できます。

　感情知能が低いというのは、どういうことでしょうか？　たと

えば、成績が良くて非常に頭の良い優秀な生徒がいたとします。善意のある、親切で思いやりのある生徒です。彼が学年末のパーティに、クラス全員を家に招こうと考えました。でも後になって人数を限ることに決めましたが、招きたい生徒にだけ知らせて、招きたくない生徒には、パーティのことを知らせませんでした。友だちの間でパーティの日取りが広まりましたが、招かれた子も、招かれなかった子も、水面下で複雑な気持ちを抱いていることに、彼は気づきませんでした。それを誰かに指摘されても、大した問題ではないと考えてしまったのです。状況をさらに悪化させたのは、最終的にパーティの参加者がほぼ男子だけになってしまったことでした。彼は、感情知能が低いため、他者の気持ちが分からなかったのです。

　感情知能の低い人はストレスを感じやすく、きちんと自己主張ができなかったり、他人のことを適切に考えずに、攻撃的な自己主張をしたりします。恨みを引きずり、感情への対処が下手で、他人のまちがいばかりに注目します。また、自分の感情の引き金が分かりません。周囲の人は、予測がつかないため、彼に対して用心深くなります。悲しいことに、感情知性の低い人は、フラストレーションの殻の下に低い自尊感情が隠されていることが多いのです[68]。

　感情知能の低い子どもは、仲間をイラつかせることが多く、学校での行動に問題があったり、感情の対処がうまくできなかったり、自己中心的な考えを持つことが多いようです。友だちがネガティブな反応をしても気づかず、自分のイライラを人に押しつけ、思いどおりにならないとよく癇癪を起こします。また、普段は静かなのに怒ると爆発する子もいます。フラストレーションに対する耐性がなく、空気が読めないので交流から遠ざかってしまいます。このように感情知能の低さにはいろいろなタイプがありますが、簡単に言えば、他人の気持ちや反応に鈍感で、感情的な状況

をうまく乗り越える効果的なコミュニケーションのスキルがあり
ません。周囲の大人から、効果的なスキルを学んでいないのです。

感情知能（EI）5つの要素

　ダニエル・ゴールマンの代表的な著書『Emotional Intelligence:
Why It Can Matter More Than IQ（なぜEIはIQより重要か）』では
EIの重要な要素を5つ挙げています。自己認識、自己調整、動
機づけ、共感、社会的スキルの5つです。知能指数（IQ）と違っ
て、EIのスキルは開発し向上させることができます。若い時ほ
ど簡単にできるのです。

　自己認識とは、自分自身に注意を向けることや自分についての
知識を持つことです[69]。自分の感情と、それが他者にどういう
影響を与えるかに気づく能力を意味します。自己認識のできる少
年は、自分の気持ちや行動と、他の人に与える影響とを結びつけ
ることができます。たとえば、少年は人を傷つけると分かってい
ること（たとえば性差別的な冗談）を言うことと、男らしくなるべ
きというプレッシャーとの板挟みになることがよくあります。自
己認識力のある男の子は、そうした発言がどれほど仲間を傷つけ
るかに気づく洞察力を持っています。自己認識は、自分をどう変
えたいかに気づき理解する**自己反省**への第一歩です。自己反省が
できる少年は、社会的に自分が何を達成したいか、そしてそれが
他者にどんな痛みを与えるかについて考えます。どうすれば自分
の目標を達成できるのか、そして他者を傷つけず思いやりを持つ
ために自分の行動や発言をどう変えれば良いかに取り組むことが
できます。

　自己調整とは、自己観察と反省によって自分の行動をコント
ロールすることで[70]、困難な感情に対処したり、変化に柔軟に
応じるのに役立ちます。少年が自分の感情に気づき、それが及ぼ
す影響を考える能力を身につければ、反応の仕方を選択すること

ができます。それが自己調整です。自己調整のできる少年は、サッカーフィールドで相手を殴ったりせず、喧嘩しないで立ち去れる少年です。

動機づけとは、内的（または外的）な満足感を得るために行動を起こす推進力となるものです[71]。やる気のある少年は、達成感と成功感を得るために何かを成し遂げます。学校でもスポーツでも、アートや音楽でも、努力を惜しまない子どもです。

共感とは、誰かの感情的な体験を、自分の基準枠からではなく、その人の基準枠から理解することです[72]。共感は同情とは違います。共感は、他者の気持ちを理解するために、自分自身の感情から離れられることを指しています。共感できる少年は、他人の気持ちを強く気にかけることができます。自分がその人の立場になったらどんな気持ちになるかが理解できるからです。

社会的スキルは、社会的な文脈の中で適切な行動ができる一連の能力で、学習によって身につけることができます[73]。アメリカで最も評価されるスキルには、自己主張、感情の柔軟性、効果的なコミュニケーション、人とのつながりを持つ能力、対人関係における問題解決能力、自分の感情や考えや行動をコントロールする能力などがあります。一般的に、社会的スキルの高い少年は、友人や大人に受け入れられ、状況に合わせて柔軟な行動を取ることができ、周囲からの承認を得ることができます。

少年が強い感情知能を形成する能力には、生まれ持った気質や社会的スキル能力のような生物学的な傾向も関係ありますが[74]、知能指数と違って、感情知能は注意と練習によって育てることができます。しかし、社会的スキルの練習の前に、しっかりした自尊感情を確立しなくてはなりません。上に述べたように、自尊感情と感情知能は関連しています。親は同調と愛着によって子どもの自尊感情を育てることができます。親が注意を払う時期が早ければ早いほど、その作業が楽にできます。

男の子の感情知能を育てましょう

人に共感したり、人の気持ちを読んだりする能力はフェミニズムの基本です。誰もが平等になるためには、他人の気持ちを自分のことのように理解したいという気持ちと、実際に理解する能力が必要です。ありがたいことに、この能力は学ぶことができます。感情知能を育成する方法をいくつか紹介しましょう。

● **感情知能のお手本を示しましょう。** あなたの言動で示しましょう。あなたの（すべての）感情について話しましょう。感情について話すことをあなたが重要視していると示してください。

● **無条件の愛を表しましょう。** 息子さんがどんなことをしても、あなたの愛が薄れることはありません。彼の行動によってあなたの愛情が左右されることはありません。

● **真摯さを示しましょう。** 同調と愛着を持つというのは、常に同意するということではありません。息子さんの感情的な体験を認めながら、まったくあなた自身でいることもできるのです。同意や承認ができない時は、子どもの感情とあなた自身の（彼の体験とは別の）反応の両方について話せば良いのです。もし、7歳の息子に「ポケットナイフがすごく欲しいよ」と言われたら、このように真摯に答えればいいでしょう。「ポケットナイフをかっこいいと思うのね。分かるよ。棒を切るのもいいし、版画を作るのも楽しいよね。でも考えただけで、私はゾッともするよ。手がすべって指を切ってしまうかもしれないし、友だちがナイフを見つけて誤って、自分や人を傷つけるかもしれない。だから心配になるんだ」。このように、（ポケットナイフを買うかどうかのような）決定を下すことなく自分の気持ちを子どもに話すことができるのです。

- **気持ちを理解しようとすることを示しましょう。**子どもが話している時には、目を合わせたり、立ち止まって聞いたりしましょう。助言を与えるのではなく「そういう気持ちになるの、よく分かるよ」と言葉に出して反応しましょう。
- **安心できる安全な基地になりましょう。**彼が安心して探求に出かけ、帰りたくなったらいつでも帰って来れるような、文字どおり、安全な港になれると想像しましょう。
- **リフレクティブ・リスニング（反映的傾聴）を練習しましょう。**息子さんがあなたに話していることを、聞き返して、彼の気持ちを理解できていることを確認しましょう。
- **息子さんの気持ちを認めて共感しましょう。**気持ちに気づき、それを言葉に表し、話し合いましょう。たとえばこのように話してみましょう。「不安そうに見えるけど、そうなの？　どうして不安になるか、よく分かるよ。大きなテストだものね。以前、不安になった時のことを思い出して、どうすれば不安な気持ちをコントロールできるか一緒に考えようよ。前に役に立ったことは何だろう？」
- **信頼関係に焦点を当てましょう。**同調と愛着の強化は、健全な感情知能の発達に欠かせません。それは信頼関係から始まります。
- **その場を離れるべき時を知りましょう。**あなたの感情が高まり始めたら、その場を離れるのが最も健全な選択の場合があります。でも後から、必ず話し合いに戻りましょう。
- **自分の失敗を認めましょう。**成功は真っ直ぐな線ではありません。あなた自身の成功や失敗の道のりを子どもと共有して、失敗も成長にとって重要であると認めましょう。
- **自分の気持ちを落ち着かせる方法を教えましょう。**自分にとって最も良い方法を理解できるような手助けをしましょう。リラックスしたり気持ちを落ち着かせたりする方法は、

人それぞれです。散歩に行くのがいい（活動的なセルフケア）という人も、横になって一人で過ごすのがいい（静かなセルフケア）という人もいるでしょう。問題について理解したり話し合ったりするのに手助けが必要な人もいるし、立ち止まって一人になって、後からまた問題に対処しようとする人もいます。息子さんが自分に適した方法を理解できるように助けましょう。こうした情報が、つらい時にすぐアクセスできるセルフケアのツールになります。

● **呼吸の大切さを教えましょう。** 心と体は密接につながっています。腹を立てると呼吸が浅く速くなります。速い呼吸は燃える火に油を注ぐようなものです。スローダウンして、ゆっくり6秒かけて息を吸い、6秒かけて息を吐くように勧めましょう。繰り返しましょう。

● **問題解決のスキルを教えましょう。** あふれそうな感情でいっぱいいっぱいになってしまうと、単純な問題であっても、合理的な解決策を考えられなくなります。下記のシンプルな5ステップで、感情をスローダウンさせ、問題をじっくり考える方法を作りましょう。

・立ち止まろう
・問題は何だろう？
・解決の選択肢は？
・最良の選択肢を選ぼう
・その選択で満足したかを自問しよう

寄り添いましょう

同調、愛着、感情知能を最も効果的に支えるために、あなたと息子さんの間の絆が重要です。彼に向ける注意の質によっても大

きな違いが出ます。あなたがしっかり目を向けて話を聞いていると彼に感じてもらうように、そして彼がより明確に理解し、前向きな変化を起こす心構えができるように望みたいものです。

　健全な感情を持ったフェミニスト男子を育てるために、より確かな愛着を育む方法をお知らせしましょう。絆は、「**無条件の肯定的配慮**」「**共感**」「**相手の気持ちの受け入れ**」「**ミラーリング**」によって築かれます。

無条件の肯定的配慮

　自分がどんなことを言ったりしたりしても、いつも相手に完全に受け入れてもらえるのは、心地よく、癒されるものです。これは**無条件の肯定的配慮**と呼ばれていて、心理療法の分野で何十年もの間、変化をもたらす核となる要素として研究されてきました[75]。親が子どもをこのように受け入れれば、子どものメンタルヘルスに肯定的な影響を与えることが分かっています[76]。子どもは、自分が何をしたかでなく、自分という人間であることによって親に愛されていると感じなくてはなりません。子どもの行動や子どもの失敗によって、受け入れるかどうかは左右されないのです。

　男の子に無条件の肯定的配慮を示すために、次のような行動をお勧めします。

- たとえば、家族の価値観に反するようなことをしたと認めて苦しんでいる子どもには、その行動をすぐに叱るのではなく、なぜそんなことをしたのか、彼の気持ちや考えを尋ねてみましょう。その行動については後で話せば良いのです。まずは、あなたが寄り添っていることを示しましょう。彼を理解したいと思っていること、そしてあなたに話しに来てくれたことを評価しましょう。

●子どもの良い行動や、良い成績のような外面のことと、愛情を結びつけてはいけません。行動や成績に関係なく、彼を愛していると示しましょう。問題や行動について対処するべきではないと言っているのではありません。まずあなた自身に目を向けて、あなたの愛情や評価が条件付きだというメッセージが子どもに伝わっていないかどうか、確認しましょう。

●子どもと意見が合わなくて口論がエスカレートした時にも、こう伝えましょう。「怒っている時でもあなたを愛していることには変わりはないよ。今はちょっと中休みして、また後で話そう」。こう言うことによって、あなたが腹を立てていようと、傷ついていようと、動揺していようと、いつだって彼を愛していること、そしてそれは決して変わらないということを彼に示せます。これは、困難な感情の健全なコントロール法です。激しい口論の最中であっても、あなたは、自分も子どもも大切にしているというお手本を示しているのです。それによって子どもは、自分自身を自由に愛してもいいのだという内なる声を得るでしょう。

共　感

　子どもについ助言したくなるものですが、そんな考えは捨て去りましょう。ああしなさい、こうしなさいと指示されるのが好きな人は、ほとんどいません。それより、息子さんが体験していることに**共感**しましょう。子どもに共感することは、彼の気持ちを見て理解して感じるということです。「彼の靴を履いてみる」ということなのです。子どもがその時々にどんな気持ちなのかを想像するのは、あなたにとって認知的ではなく、感情的な体験です。共感を示すということは、相手が感じている気持ちを言葉にして表すことです。

- 「子どもは今どんな気持ちだろう？」と自問してみましょう。
- まず自分の中で、その気持ちを言葉にしてみましょう。
- それから子どもに言葉で示しましょう。「とても悲しいんだね」
- 「うん、そうなの……」と子どもが答えたら、積極的に耳を傾けましょう。
- 「そうじゃないよ、あのね……」と答えたら、「もっと教えて。どんな気持ちなのかちゃんと知りたいんだ」と言えばいいのです。
- そこまで言ったら、口をつぐみましょう。つい言いすぎてしまいますが、言葉は少ない方がいいのです。

　共感をこのように示すのは、強い絆を育むためのシンプルなアプローチです。

　あなたが息子さんの感情体験に寄り添うことで、彼は話を聞いてもらえて認めてもらえたと感じ、あなたとのつながりがいっそう深まって、安心できるようになります。あなたは彼の安全な基地となります。共感して話を聞くことはあなたにとっても彼にとっても気分のいいことで、想像以上に社会的な効果をもたらします。それは、「男らしさ」に、感情豊かな体験を組み込むことで「男らしさ」を再定義することです。男の子に、感情を持つのは正常だということを示し、そして具体的には、自分の感情に気づけるように励ますことでもあります。

相手の気持ちの受け入れ

　共感の次のステップは、彼の感情的な体験を真実で有効なものとして認めて受け入れることです。彼に同意しなければならないというのではありません。彼の感情は本物で、彼にとってリアル

なものだと、受け入れて認めるだけでいいのです。

　たとえば、お兄ちゃんが妹に砂を投げつけて、ベビーシッターに叱られて、足を踏み鳴らして怒っているとしましょう。親としては、ベビーシッターの判断が公正かつ妥当だと考えるかもしれませんが、それだけに集中すると息子さんの体験したことを無効化するだけで、役に立ちません。まずはじめは、「腹が立ったんだよね！　妹のせいだと思ったのに叱られるのはつらいよね」と、彼の気持ちを認めてあげるのが良い方法です。後から、砂を投げる以外の選択肢を話し合えるようになった時にも役立ちます。

　彼の気持ちを受け入れることは、境界線やルールを無視することではありません。こんな風に言えばどうでしょう？「でも砂を投げつけたら叱られるよ。つらいよね。腹が立つよね。気持ちは分かるよ。楽しくないルールもあるよね」

　ルールと期待値ははっきりさせましょう。そしてルールを守らなくてはならないことについての子どもの気持ちにも共感し、認めてあげましょう。つらい時にも、息子さんとの絆を保つことに心を砕いてください。彼を認めるお手本をあなたが示せば、息子さんも、他の人の感情的な体験に共感できるだけでなく、たとえ自分が感じているのと違っていたとしても、その人の体験を有効で本当であると認められるようになるでしょう。もし性的暴行を犯した男性が皆このスキルを備えていたら、性的暴行の発生率は格段に低くなったことでしょう。

ミラーリング

　子どもは生まれつき意地悪なわけではありません。私たちの男の子たちがみんな生まれつき強姦犯なのでもありません。でも彼らの多くが他人を傷つけるようになってしまうのです。**ミラーリング**というテクニックによって、子どもの気持ちと考えをそのまま本人に反映させて考えさせることで、子どもの良い特性を強化

することができます。あなたが彼の言動の鏡になるのです。すると子どもは自分が受け入れられたと感じ、体験が認められ、親切な行動が強化されるようになります。それが彼の誠実な自尊心と価値観を構築し、自分の中の良い特性に気づくことができるようになります。

　たとえば、学校で問題を起こして叱られた友だちに、息子さんがなぐさめの手を差し伸べていたら、こう言いましょう。「友だちがつらい気持ちなのに気づいて、助けようとしているんだね。それはとても親切で思いやりがあることだよ」。息子さんは、友だちに手を差し伸べることが認知的にも本能的にも正しいことだと分かっているかもしれません。しかし、あなたが彼の良い資質を鏡に映し出して見せることによって、自分のポジティブな資質に気づき、それを内在化して、生涯続く内面の枠組みとしていくのです。

知識とスキル

　同調と安定した愛着の強化はフェミニスト男子を育てる第一歩です。それを土台にして、政策、法律、規範、歴史、女性や他のジェンダーの経験について教えることができます[77]。男の子が知識を身につけると、自信がつき、信念が明確になり、行動のための手段が増えて、嫌悪感を持たなくなり、社会正義の観点を強く持つようになります。知識がないと、意識や行動力が欠けますが、それはどうでもいいと思っているからではありません。性差別的な行動がなぜ「おかしい」と感じられるのか、その理由が明確に分からないのです。あなたは、男の子が心の中で感じていることを言葉と知識で表す手助けをすることができます。

　ほとんどの子どもは、生まれつき公平さや正義感を内側に秘めています。しかし、それが社会化されてしまうことが多いのです。

そんなことが起きないようにしましょう。息子さんの感じていることを認めた上で、なぜそれがまちがっているかの根拠を示しましょう。このように言ってはどうでしょう？「妹が誰かに『男の子の遊び』には参加させないよと言われて、あなたは腹を立てたよね。それを聞いた時、どんな気持ちになった？　どんなことを考えた？　誰かが仲間外れにされたり、誰かが人を傷つけることや本当でないことを言うのを聞いて、腹を立てるのは当然のことだよ。妹のことを大切に思うのは素晴らしいことだね。次に同じようなことが起きた時、どうすればいいか、一緒に考えてみようよ」

自分の特権に気づくこと

　真のアライになるためには、女の子や女性やその他のジェンダーの人たちの日々の生活体験と、制度的な抑圧について、認識を持ち共感することが必要です。理論的に理解するだけでは十分でありません。男の子は自分たちの特権と、それがこの制度をどのように永続化させているかについても考えなくてはなりません。
　特権とは、労せずに何かを得ることです。多くの人が得られない、たとえば食べ物、住居、教育、仕事の機会などを努力しないで得られることです。たとえば、アメリカで生まれたというだけで、開発途上国では得られない医療や教育を受けられます。また、白人として生まれたことで、医療や教育の質が格段に向上します。白人男子であることは特権であり、アメリカ社会において、他のどの立場よりも多くの特権を得ることができます。
　それを実感するデータをいくつか見てみましょう。最も多くの給料を得ているのは誰ですか？　それは白人男性です。2020年でさえも、男性の1ドルに対して、女性は81セントしか得られていません[78]。それに人種を考慮に入れると、状況はさらに悲惨になります。「最も賃金格差が大きいのは、アメリカ先住民や

アラスカ先住民の女性、黒人やアフリカ系アメリカ人女性、ヒスパニックの女性たち」で、白人男性の1ドルに対して、75セントしか稼げないのが現状です(79)。男の子に生まれただけで、あなたの息子さんには労せずにして得た特権があります。社会の中での特権を、彼は理解しなくてはならないのです。

白人の特権とは、肌の色の違いだけで、非白人より権力やリソースを多く利用できることです。たとえば、2015年の国勢調査では、アメリカの、ヒスパニック以外の白人世帯の平均純資産が13万9300ドルであったのに対して、黒人世帯では1万2780ドルとなっています(80)。アメリカの白人が住宅ローンの審査に通る確率は、非白人の2～3倍になっています(81)。権力と影響力を持つのは誰か、重大な決定を下すのは誰なのかを知るには、現在のアメリカの第116期議会を見れば一目瞭然です。現在のアメリカ議会は、歴史上最も人種的、民族的に多様だと称されていますが、非ヒスパニックの白人男性が議員の78%を占めており、これは白人男性が男性人口に占める割合である61%を上回る数字となっています(82)。

白人の特権とは、歴史書に書かれた記録が自分たち白人の体験であり、マイノリティグループの貢献は無視されたり軽視されたりしていることでもあります。黒人の歴史が重要であり関連があるとする教師はたくさんいますが、実際に歴史の授業時間の8～9%だけにしかそれは反映されていません(83)。

特権は、人生が楽で苦労がないという意味ではありません。しかしあなたの息子さんは、性別と、おそらく人種によっても有利なのです。特権が多いほど、権力と保護を得られます。それはアメリカの刑事司法制度を見れば一目瞭然です。「白人男性と同じ罪を犯した黒人男性は、平均して白人男性より20%近くも長い連邦刑務所の実刑判決を受けています」(84)。

コロナ禍で起きたことについて考えてみましょう。新型コロナ

ウイルスに感染したり、死亡したりするリスクが最も高いのは、非白人のコミュニティです。米国疾病管理予防センター（CDC）によれば、民族的、人種的なマイノリティグループは、長年にわたる差別、医療ケアへのアクセスや利用の不足、住宅問題、教育や所得や富の格差といった、健康面と社会面における制度的な不公平によって、感染リスクが高くなっています[85]。こうした社会の在り方や、歴史的な評価によって、裕福な白人の少年には生まれつき、より多くの権力と保護が与えられるのです。

　男の子の人生体験に、こうした認識を取り入れれば、自分たちがどれほど多くの特権を得ているかに目を開くことができます。自分たちにどんな特権があるのかを一緒に考えていきましょう。これは悪いと感じたり、罪悪感を持つためではありません。世界における自分の立場を認識して認めることです。それがフェミニズムです。自分に思いやりを持ち、正直でありましょう。あなたと息子さんが本当の意味で理解を深めれば、彼は他者のアライになることができます。「正式な特権スコア」や特権を数値化する方法はありませんが、自分たちが何を支持しているのか、世界と比べて自分たちの位置はどこなのか、といったことを考えてみてください。

　次に挙げた特権の中で彼に当てはまるものがあれば話し合い、なぜそれがすべての人には当てはまらないのかも考えていきましょう。明確な答えを出すためではありません。子どもと対話して認識を高めるための作業です。

私には衣食住に足る十分なお金があります。

　お金がなくて衣食住に困っているのは誰ですか？
　食べるのに十分なお金を稼ぐのが難しいのはなぜですか？

私は行きたい建物や場所にたやすく行くことができます。たとえば、バスに乗ったり、食料品店に入ったり、車を運転したりすることが、身体的な制約なしに行えます。

　ある建物に簡単に入れない人がいたら、それはどういう人ですか？　その建物はなぜそのように設計されているのでしょうか？

　よりアクセスしやすくするには、建物や空間をどう修正すればいいでしょう？

私には信頼できる交通手段があります。

　信頼できる交通手段のない人はどれほどいるでしょうか？それはなぜでしょう？

　交通手段があることで、生活がどう変わりますか？

私は教育を受けています。

　あなたの教育費は誰が払ってくれましたか？　その人たちはなぜ払うことができたのでしょうか？

　教育を受けるために必要なステップを教えて導いてくれたのは誰ですか？　そのようなサポートを受けられない人はどうなるでしょうか？

私には多少なりとも旅行をする余裕があります。

　旅行をする余分の収入がなかったら、あなたの人生はどうなりますか？

　その場合は、どのような選択をしなくてはならないでしょうか？

私は身体的に健康です。

　階段を上がったり、移動したり、長時間座っていられたりし

なかったら、あなたの日常生活はどう変わるでしょうか？
病気になった時に、健康保険がなかったらどうなりますか？

私は精神的に健康です。

もしあなたが精神的に健康でなかったり、治療を受けられな
かったりしたら、仕事や勉強をする能力にどんな影響が出
るでしょうか？

精神の健康状態は、あなたの人間関係や人生の決断にどのよ
うな影響を与えますか？

私は英語を話します。

もし英語が話せなかったら、勉強にどんな影響が出たでしょ
うか？

英語が話せなかったら、学校での友だち作りがどう違ってい
たでしょう？

私はアメリカ人です。

アメリカ人であることで、あなたはどんな安心感を得られて
いますか？

もしあなたが外国人だったら、アメリカで移民としてどんな
問題に直面するでしょうか？

私のジェンダーと性的指向は安全なものです。

周囲の文化から、あなたの在り方は良くないというメッセー
ジを受けたら、どんな気持ちがするでしょうか？

割り当てられたジェンダーと自分の本当のジェンダーが一致
していなかったら、あなたの人生はどう変わりますか？

私はアイデンティティを公表しても、安全性を脅かされることはありません。

あなたの両親の移民ステータスを誰にも話せないと知ったら、どんな気持ちになるでしょうか？

いつ強制送還されるか分からないのは、どんな気持ちでしょうか？

私は、自分が誰であるかによって、判断されたり批判されたり排除されたりする心配はありません。

どのような保護のおかげで、あなたは自分の意見を簡単に述べることができますか？

自分の考えを述べることによって報いを受けるかもしれないのは、誰ですか？　それはなぜでしょう？

私は男子／男性です。

身の安全について最後に心配したのはいつですか？　それは男性であることと、どのように関連していますか？

普段から自分の安全について心配しているのは誰でしょう？それはなぜですか？

私は白人です。

白人であることで、どのように人生が楽になったり、機会が増えたりしましたか？

白人の特権からどのような恩恵を受けていますか？　その代わりに不利益を被っているのは誰ですか？

このテーマは重くて、どこから始めていいのか、どう話したらいいのか、分からないかもしれませんね。これはその場限りの話ではありません。あなた自身も息子さんも、より広い世界観を持

てるようになるためのものなのです。どの状況にも、排除されている人がいます。それが誰なのかに気づく練習を続けましょう。

　実際に、校庭にはいつも遊びに加わりたいのに加わっていない、あるいは加われない子どもが一人はいるものです。私がサマーハウスを借りるビーチでは誰もが白人です。なぜでしょう？　近所の人たちが集まるパーティでは全員が大学の学位を持っています。そこに含まれていないのは誰でしょうか？　それはなぜでしょう？　投資チームのミーティングでは、男性ばかりがテーブルを囲んでいます。なぜですか？　そこに含まれている人、含まれていない人は誰なのか、気づき始めましょう。そしてそれがなぜかに気づきましょう。息子さんも気づけるように手助けしてください。それが第一歩となります。

　2番目のステップは、どうすれば、誰もが参加できて歓迎される親しみやすい包摂的な環境を作れるかを、自分自身に（そして息子さんにも）問いかけることです。遊びたいのに校庭で取り残されている子どもを遊びに誘うには、どうすればいいでしょう？サマーハウスのビーチや近所のパーティを、すべての人種にとって参加しやすい公平で包摂的なものにするにはどうすればいいでしょう？　非白人の人たちが、参加できない、あるいは参加したくないと思うようなどんな障壁があるのでしょうか？　投資チームのミーティングで、より多くの女性がテーブルについて、意見を述べられるようにするには、どうすればいいでしょうか？　最終的には、変化を起こすために**自分に**できることは、何かということになってくるのです。

　こうした大きな問題に、単純な答えはありません。しかし、気づいて、問いかけるだけでも、一歩前進します。あなたの普段（それが無意識であっても）の付き合いの輪の外の人たちと友だちになるのも、良いスタートです。非白人がもっと多い地域の体操クラスに子どもを通わせたり、あなたたちがマイノリティである

エリアのレストランに行ってみましょう。周囲のものや場所についての発言にも注意しましょう。ある時、私は貧しい地域を車で走っていました。すると乗っていた息子の友だちが、「ここ、何だか気味が悪いね」と言いました。なぜそう感じたのか彼には理由が分かりませんでしたが、おそらく社会経済的な違いに気づいて居心地が悪かったのでしょう。でも違いイコール危険ではありません。そうした感覚に気づいて、なぜそう感じるのかを探求しましょう。そして積極的に話し合いましょう。

　私は、何でも分かっているとか、すべて正しくできていると、言わないように注意しています。これは私たちみんなのプロセスであり、完全に到達することはできないと思っています。基本的に私たちには皆偏見があって、それが日常生活の中で、いつでもどこからでも忍び寄ってくるのです。それに気づくことも私にとっては重要です。気づく効果が家庭で表れることがあります。ある時、長男が「スープキッチン（訳注：炊き出し）にみんなで参加しようよ。ぼくたちよりも貧しい人たちのために」と言ったことがありました。また娘は両親がゲイの家族と、何のこだわりもなく付き合っています。もう一人の息子は、市民参加マラソン大会のあと、寄付を十分に集められなかったために賞品をもらえなかったクラスメイトがいたので悲しんでいました（訳注：アメリカの学校で、生徒が寄付を集める活動がよく行われます。たくさん集めた生徒は、賞品がもらえます）。

開放的な姿勢がサポートを育てます

　息子さんは、想像力や感情が豊かで、知的好奇心が強く、繊細で、クリエイティブな性格ですか？　あるいは、決まったルーティンを好む、真面目で、現実的で、周りに関心を持たず、用心深い性格ですか？　必ずしもどちらが良いとは言えません。こうした特質はスペクトラム（曖昧な境界を持つ連続したもの）だから

です。一つ目に述べた性格の特徴は、新しい考えに自然に心を開くことで、これはアライにはなくてはならない要素で、人間の特質を、創造的で好奇心旺盛な性質から一貫性を好む用心深い性質までのスペクトラムで表した Big Five Personality Model（ビッグファイブ・パーソナリティモデル）[86] の中の一つの領域です。開放的な性格には、想像力、感覚の鋭さ、創造性、情動性、知的好奇心が含まれています。あなたや息子さんの性格判断に興味があれば、オンライン評価ツール（https://openpsychometrics.org/tests/IPIP-BFFM/）[87] をご覧ください。

　開放的な性格はアライに不可欠な要素です。他者の体験に耳を傾け、理解しようとし、自分の体験以外のことを学ぼうとします。開放的な性格でないなら、次のような質問を使えば、より開放的になれるよう手助けができます。

- 他の人（特定の人を挙げても、ただ漠然としておいてもいいでしょう）は、この状況をどう考えると思う？
- 自分と違う人と友だちになるような新しい体験を増やすには、どうすればいいだろう？
- 新しいことを試すのが怖いのには、何か理由があるの？ 何が、なぜ怖いのだろう？ どうすれば解決できると思う？
- 他の人の経験を聞くと、どんな気持ちになる？
- 他の人のつらい経験を聞いても、冷静で落ち着いていられるためにはどんな練習をしたらいいと思う？
- 他の人について、一人で学ぶ方法にはどんなものがあると思う？ 本、音楽、ブログ、ポッドキャスト、ドキュメンタリーなどを試してはどう？

　開放性は、知識と認識につながります。知識を得るには意識す

ることに開放的でなければなりません。そしてそれが積極的活動
（アクティビズム）や、声を上げることや、現状とは異なる行動へ
とつながっていきます。それによって、息子さんはすべての人を
サポートできるようになるでしょう。

明確な内なるコンパスの育成

　心理学では、**統合**ということを目指します。それは、考えるこ
と、感じること、言うこと、行うことのすべてに一貫性があるこ
とです。自分の中に大きく相反する対立した部分がなく、統合性
があれば、私たちはしっかり、一貫した、まとまりのある気持ち
になれます。統合とは理論を実践することでもあります。
　統合性があるということは、自分を善人だと思えば、悪人のよ
うな行動をしたくなくなるということです。男の子が、自分を明
確に理解し、確固たる価値観を持てば、それが彼の強固な内なる
コンパスとして役割を果たします。たとえばロッカールームで
チームメイトが、ガールフレンドを「指で弄ぶ」などと話し始
めたら、息子さんは自分の中の違和感に気づくでしょう。そして
その違和感は、女性蔑視が自分の価値観に反しているからだと理
解します。そうすれば、きっと彼は反対意見が言えるでしょう。
　自分の基本的な価値観がはっきり分かっていないと、スキルか
ら内面化へ、そして行動へと移していくのが非常に困難になりま
す。息子さんの価値観を明確にする助けに是非なってください。
青年期の特徴には、自分のアイデンティティ探しや世界での自分
の立ち位置の理解などがあります。男の子が幼いころから、自分
自身の価値に関する感覚を育て、自分にとって何が大切かを見つ
けるようにしていけば、彼にとって一生の指針となるでしょう。
彼の価値観に名前をつけて定義し、その価値観が試されるかもし
れない時のことや、すでに試されたことについて話し合うのは、

非常に有意義です。

　息子さんにこう尋ねてみましょう。「勇気や尊厳を持ち、誠実さを保つというのはどういうことだと思う？　人に敬意を払うにはどうすればいい？　あなたが人から敬意を払ってもらえるにはどうすればいい？　あなたの考えや行動が自分の価値観と一致していると、どんな気持ちになる？　一致していないと、どう感じる？」

　この理論を行動に移すための質問をいくつか紹介しましょう。子育てのロードマップの構築に役立ちます。さらには、男の子が、内省、自己認識、自分への思いやりを通して、より深くより意識的なレベルで、自分自身と自分の価値観を理解することに役立ちます。

- 自分を説明する5つの言葉を挙げてみよう。他の人があなたを表すのに使う5つの言葉は何だろう？　それは同じだろうか、それとも違う？　それはなぜだろう？
- 今あなたが自分を表すのに使っていなくてもいいので、人からこう言われたいと思う5つの言葉を挙げてみよう。そう言われるためには、行動をどう変えればいい？
- （年長の男の子に）一番自分らしいと思うのはどんな時？（年少の男の子に）一番ハッピーなのはどんな時？
- 一番誇らしいと思うのは何だろう？　それは自分に対する見方と、どんな関係がある？
- 一番誇りに思っていないのは、どんなこと？（私に言わなくて、自分だけに答えるのでもいいんだよ）なぜそう思うの？　それは自分に対する見方と、どんな関係があると思う？
- 5年後について考えてみよう。自分にとって一番重要なのは何だろう？　なぜそう思う？　大人になった時には、何が一番重要だと思うだろうか？　その理由は？

●友だちの中で、「一番良い人」だと思うのは誰？「一番良い人」ってどんな人？
●世界をより良くするために、どんなことでもできるとしたら、何をする？
● 100歳になったと想像してみよう。自分の資質や価値観の中で最も誇りに思うのは、どんなことだろう？

これらの質問について息子さんと話し合ったら、価値観をリストにしてみましょう。自分、家族、友だち、他人、コミュニティ、国、世界について彼が一番大切にしていることをリストにしましょう。それが、彼にとって重要なことだと指摘しましょう。

息子さんが価値観を明確に理解して、自分の中にしっかりとコンパスを築けたので、その価値観を行動に移すことに集中できます。一緒に価値観のリストを見てみましょう。その中から、とても重要だと思う価値観を、10個まで選ばせて、次の質問をしましょう。

●どうすれば、これらの価値観を、今日も明日も毎日、忘れずに使えると思う？
●正しいのかまちがっているのか、よく分からない時は、自分にどう言えばいいだろう？　不安になったら、自分にどう尋ねてみる？
●自分の行動と価値観を一致させられない時に、再び集中して挑戦し直すには、どうすればいいだろう？　自分の価値観に忠実に、そして自分に思いやりを持ち続けるには、どうすればいい？

ノートや日記帳を使って、価値観をどう行動に移せばいいかを考えてリストにしましょう。不安になった時に思い出せるように、

いつも手元に置くように言いましょう。成長に従って、その都度
チャレンジして人生から学んだことをリストに加えて調整してい
くように言いましょう。本書のウェブサイトからダウンロードで
きる資料（https://www.akashi.co.jp/files/books/5612/5612_raising-feminist-
boys_siryou.pdf）にも「大切な価値観を行動に移す計画表」を載せ
ていますので利用してください。計画表に書き込んだら冷蔵庫の
扉に貼りましょう。

フェミニストの心得

　男の子がアライとなり、しっかりした内なるコンパスがで
きるようになるには、親が模範を示し、男の子の意識を高め
ることが必要です。あなたの言動がお手本になって、考えや
感情を内面に取り込むのです。また、男の子ができるだけ真
正で正直な自己意識を持てるように手助けすることも大変重
要です。

　子どもたちは幼い時から積極的に感情知能を構築し、それ
が次第に私たちが考える倫理観、性格、誠実さへとなってい
きます。こうした資質は生来のものではありません。時間を
かけて育成するものです。息子さんが自分の価値観について
考え、それを行動に結びつける練習をすればするほど、彼の
感情知能は高くなり、より幸福で健康になる可能性がアップ
します。幸福で健康な少年は最高のアライとなり、感情移入
のできる、自己認識の高い次世代の男性へと成長します。そ
のためにはあなたが子育てのレンズを調整して、焦点を当て
ることが必要です。

第4章
ジェンダー、セックス、アイデンティティについてオープンに話しましょう

ジェンダーやセクシュアル・アイデンティティについて話し合うことは、男の子の健全な成長を促し、周囲の人たちのためにもなり、開放的で受容的で肯定的な文化の形成にも役立ちます。社会に変化を引き起こします。アライになるというのは、知識を得て、開放的になり、サポートの手を差し伸べるということです。あなたが、自己認識、明確な言葉、自分と他者への理解を表し、模範になって教えれば、子どもも自分の価値観に沿って行動できるようになるでしょう。

　親にとって、ジェンダーやセックスやアイデンティティについて話すのは怖いことかもしれません。でも心配ありません。重要性は理解していても、どこから始めればいいか分からないという人のために、この章では男の子と正直で率直な話し合いができるための方法をご紹介します。

　まず、3つのコミュニケーション・ツールについてお話ししましょう。息子さんはあなたの話し方から、自分がどれほど愛され、どう受け入れられているかを感じ取るので、コミュニケーションの仕方は大変重要です。どんな言葉を使えば良いかを明確にし、最新の正しい言葉を息子さんと共有しましょう。いつどのように話せば良いか、会話の方法を年齢ごとのレベルに分けています。

コミュニケーションのための心の準備

　細かく計画を立てる前に、会話の枠組みについて考えましょう。どんな会話をする時も、「自己省察」「自己認識」「自分への思いやり」を奨励することを忘れないでください。自分を理解し、相手と強いつながりを持つことによって、積極的なつながりが始まります。さあ、その精神で始めましょう。

自己省察

　これは自分の内面を見つめ、心を開いて自分を知ろうとすることです。内省することによって、男の子は、考えや感情から離れて、外から自分を見るように内面を見つめることができます。フェミニスト男子になるための重要なステップです。社会に変化を起こすためには、まず自分自身と、世界における自分の立場を理解しなくてはなりません。

　内省を促すためには、自分の内面を見つめる時間を作ることを奨励しましょう。夜ベッドに横になった時や、朝一日を始める前に、行うと良いでしょう。こんなことを考えさせましょう。「最近、自分や人にどんな思いやりを見せただろうか?」「自分にとって当たり前のことにもっと目を向けるべきだろうか?」「自分の目標を達成できているだろうか?　障害になっているのは何だろう?」

　定期的に日記をつけるのも、自分を振り返るのに有意義です。心の奥底にある、プライベートな考えも日記に書き留めるよう勧めましょう。あなたはそれを読む必要はありません。プライバシーを尊重しましょう。自分と会話を続けることから得られるものが多いと、子どもを勇気づけましょう。ストレスが軽減し、自分をより深く知ることができ、考えや感情が明確になり、問題の解決が効果的にできるようになり、周囲との意見の相違をうまく解決できるようになるでしょう[88]。

　日記に書くヒントを与えてもいいですね。次のような質問は、日記を書いて自分を見つめるためのヒントになります。

● 一番自分らしくいられるのは、どんな時だろう?
● 未来の自分に言いたいことは何だろう?
● 好きな思い出とその理由は何だろう?
● 自分について好きなところはどこ?　どんな資質を得たいと思う?

自己認識

　自分を省みるのは、自己認識を高めるためです。内省のあとに自己認識が得られるのです。自分の考えや気持ちや行動に気づくと、自分の性質や個性がよく分かるようになります。自己認識によって、私たちは行動と価値観を一致させることができます。親は誰でも「良い子」に育てたいと願っているものですが、男の子たちが文化から得るメッセージを侮っています。男子たるもの、どう考え、感じ（あるいは感じず）、どう行動するべきかという強力なメッセージを親たちは、過小評価しているのです。

　有毒な男らしさの概念、すなわち伝統的な男らしさとも呼ばれるものは、男子と男性についての信念体系です。それによって男の子が自分をどう見るか、周りからどう見られるかが形成されます。異なる集団によって男らしさは様々な形で現れますが（たとえば白人の男らしさは、ある意味でラテン系の男らしさと違いがあります）、共通点もあります。たとえば、女性っぽさへの嫌悪、成果へのこだわり、感情の抑制、そしてタフで暴力的でリスクを冒すことを良しとして冒険を求めるべき、といったものです[89]。有毒な男らしさのせいで、男の子たちは、学校の規律面や学業面での問題、（薬物乱用、自殺、心臓疾患を始めとして多くの）健康上の問題を引き起こすリスクが高くなります。それを受けて、アメリカ心理学会が2018年に少年や男性と作業する際のガイドラインを作成し、男らしさというものがどのように彼らの健康面や人としての在り方に影響を与えているかを示しました[90]。

　男らしさがあなたの息子さんにどのような影響を与えているかを考えることは、彼のためにも他の人のためにも不可欠なことです。男の子たちに、有毒な男らしさの文化を変える手助けをしてもらい、自分の特権を認識できるアライになってもらうためには、自己認識が必要です。自己認識のできる少年は、社会集団からの引力に気づき、それに疑問を抱きます。たとえば、「下ネタトー

クに加わりたいと思うのはなぜだろう？　自分に本当に必要なものは何だろう？　下ネタトークに参加すること、参加しないこと、トークの対象になっている人のために声を上げることで、自分は何を達成できるだろう？」のように。

　男の子は自己認識の練習をする必要があります。それは、自覚は筋肉のように時間をかけて形成するものだからです。はじめは少しずつ、時間をさける時に自分に注意を払ってみるのが最もやりやすい方法です。そのうちに、頭の中でドラマを見ているかのように、自分の感情や考えに気づけるようになります。ここまで来れば、意識していなかったものが、意識的な考えになって、本当の変化が起こります。

　こうした視点を育てるために、次のような質問をして話し合ったり、答えを日記に書いたりするよう促してみましょう。

●今日一日を振り返って、一番誇りに思ったのは何？　それはなぜ？　そのことは自分の価値観とどうつながっていると思う？
●今日一日を振り返って、違うやり方ですれば良かったと思うのはどんなこと？　なぜそう思うの？　どう変えれば良かった？
●今日一日で、最高だったことと、最低だったことは何だろう？　なぜそう思うの？　それは、自分の人間性とどうかかわっていると思う？
●不安だったこと、不明瞭だったこと、苦労したことはある？　どんな気持ちだった？　どんなことを考えた？　どう対応した？　どんな行動を取った？　どんな対応をすれば良かったと思う？　自分の取った対応は自分の価値観や自分をどう見ているか、人にどう見られたいかということと一致してる？　その場で、こうした感情や考えや行動を

131

自覚することができたと思う？

● 平等の促進のために、今日できたことは何だろう？

● アライになるために、今日どんなことができた？　どのように心を開くことができた？　どのように他の人の体験について知ろうとした？　どんな方法で他の人のサポートができた？

　男の子が自分を振り返って自己認識を高めることは学びと成長につながりますが、つらい気持ちが起きることもあります。たとえば、自分の特権を認めると同時に、自分が正しく主張したり行動したりしていないと思うと、罪悪感を持ったり、恥ずかしいと思うことがあります。すると、学びや成長や他者とのつながりが閉ざされてしまいます。私たちは皆、人間として未完成です。そのことを息子さんに伝えるのも重要な教育です。

自分への思いやり

　つらいことがあったり失敗した時に自分を批判したり攻めたりするのではなく、自分に対して思いやりを持つことで、自分にやさしくなれて、もっと自分が理解できるようになります[91]。自分への思いやりを持てば、男の子は恥や痛みを、個人的な欠陥や不備としてではなく、人間の大きな体験の一部と見なせるようになります。また、苦闘を隠さずに認められるようになり、「試合で最善を尽くせなかったのは悔しいけど、本当はもっとうまくできるはずだよ。次の試合は頑張るぞ」と言ったり考えたりできるようになるでしょう。

　多くの少年、特に幼い少年たちは、自分への思いやりと他者への思いやりを結びつけることがまだできませんが、それでもいいのです。自分への思いやりが持てれば、人への思いやりもきっと持てるようになります。自分に思いやりを持つことで、「思いや

り筋肉」が鍛えられるのです。男の子が成長し、特権の概念を理解するようになったら、特権の陰に隠れたり無視したりしないよう教えることが重要です。そのために使える言葉を教えましょう。「自分には他の人にはない機会がたくさんあると分かっている。それを悪く思う必要はないけど、自分が男の子だから多くの機会が持てると認識し、みんなもそうであるように、そして誰も取り残されないように注意しなきゃいけないんだ」。具体的な例も挙げて、他のジェンダーの人が取り残されていたら気づけるようにしましょう。冷遇されたり、したいことができなかったりすると、どんな気持ちになるかを考えさせましょう。

　自分への思いやりには 3 つの部分があります。「自分にやさしくあること（自分を批判するのではなく）」「共通の人間性（孤立ではなく）」「マインドフルネス（自分の思考や感情との過度な同一化ではなく）」の 3 つです [(92)]。

自分にやさしくあること

　うまくいかないことがあったり、自分のいやな部分に気づいた時、自分にやさしくすることを教えましょう。内的家族システム（IFS）という心理セラピーの理論に基づいた、パーツ心理学の言語が役に立ちます [(93)]。内的家族システムは、自分の中の対立する部分や感情の葛藤に気づき、それを言葉にして受け入れる助けになります。ある幼稚園児の実例を紹介しましょう。「クラスのある女の子に意地悪をしたいというパーツがぼくの中にあるんだ。その子はしつこいし、ちょっと悪いんだ。クラスのみんなも彼女に意地悪だよ。でも、ぼくの中には、彼女に親切にしなくては、というパーツもあるよ。でもみんなが意地悪していると、どうしていいか分からなくなる。一度にこんな 2 つの気持ちになっても、大丈夫なんだよね。ぼくは、彼女にやさしくするよ。だってそれが正しいことだと知っているから」。

その「悪い女の子」は、たまたまクラスで唯一の黒人でした。その少年は彼女の行動を見ていて、どこか変わっていると何となく感じていましたが、彼にはまだインターセクシュアリティのことが分かっていなかったので、どうしてこの少女が問題行動を起こすのかが理解できませんでした。親のあなたの役割は、息子さんが自分の中の相反する感情に気づき、そうした自分の感情に思いやりを持ち、その上で、彼があなたの家族の価値観——愛と受容と親切——に沿った選択ができるようにサポートすることです。

共通の人間性

感情はとても個人的なものに思えますが、他の人も同じ感情の体験を持つことが多いのです。人と距離を置くより、つながりを持つことが重要なポイントです。「自分が感じていることは他の人も同じように感じる」と受け入れられるように教えましょう。感情を封じ込めろという「有毒な男らしさ」のメッセージを克服することができます。男の子が自分の情動的な経験を受け入れて前進し、それを表したり、他者と共有したりできるようになれば、人間の共通点としてのつながりを実感することができるようになります。自分の気持ちに気づき、認め、人と共有できることは勇気のあることだと教えてあげてください。それによって、他の人も自分の感情を受け入れ、つながりが生まれ、成長し、こうしたパーツをより理解できるようになります。

マインドフルネス

簡単に言えば、考えと感情は外の世界に対する反応です。男の子は時々、感情や考えでいっぱいになってしまいます。すると、考えや感情が自分自身の核となるパーツだと勘違いしてしまうことがあります。それが外の世界からの単なる刺激による神経体験ではなく、自分の性格を反映したものだと思ってしまうのです。

考えや感情がどのように自然に起こって過ぎ去っていくかを、マインドフルに心に留めることを教えましょう。感情をあたかも過ぎ去る嵐のように観察するのです。私たちの文化では、歴史的に男の子たちのこうした部分が遮断されてきました。感情をコントロールするために、感情というものがどのように起こり、そして去っていくかに気づけるようになれば、社会にも前向きな影響を与えるでしょう。

思考観察のシンプルな練習

　感情を伴う体験を「好奇心を持って見る」ように教えましょう。判断しようとせずに、自分の考えや感情を、スクリーンに映し出されたもののように眺めるのです。さあ、やってみましょう。一人でできるようになるまで、何度も一緒に練習してあげてください。

1.　子どもが５分ほど静かに座っていられる場所を見つけましょう。
2.　滝の後ろ側に座っていると想像させましょう。流れ落ちる水は彼の考えや感情です。
3.　見えたものを判断しないように言いましょう。考えや感情から離れて、ただ見えたものに気づくだけでいいのです。
4.　呼吸が安定していることを確認しましょう。
5.　子どもは何もしないでいいのです。ただ気づくだけです。
6.　５分経ったら、自分を褒めるように言いましょう。健康にも良くて、自分をより理解できるようになる、良い練習ができました。

　マインドフルネスの練習によって、息子さん（とあなた）が、自分ではどうにもならないと思いがちなことでもコントロールできると学べるようになります。考えや感情で打ちのめされそうになった時、この練習が息子さんを混乱から引き離すのに役立ちます。

同じ言葉で話しましょう

　言葉には文化が反映されます。本書の巻末の用語解説を参考に
してください。言葉の定義に目を通し、子どもと共通の語彙を確
立し、話し合いをもっとよく理解するために役立てましょう。手
探りでもいいのです。言葉は変わるものです。それを認めて努力
しましょう。

　会話の最中に、「それについてはよく分からないから、調べて、
勉強してみるよ。それからまた話そうよ」と恐れずに言うことが
大変重要です。巻末の用語解説も信頼できる情報としてお使いく
ださい。また、本書のウェブサイトにアップされている資料
(https://www.akashi.co.jp/files/books/5612/5612_raising-feminist-boys_
siryou.pdf) 内の「読書グループのためのガイド」にも情報が掲載
されています。

会話のヒント

　あなたの言動はとても重要です。息子さんはあなたを見、あな
たの言葉を聞いています。思慮深く、認識を持って、自分にも子
どもにも思いやりを示しましょう。愛情を示し、子どもとつなが
り、受け入れることが、最も大切なのです。あなたが彼を無条件
に受け入れて愛していることが、コミュニケーションの根本でな
くてはなりません。あなたはどんな時でも息子さんを愛していま
すが、それは、彼の行動をいつも愛しているということではあり
ません。この 2 つは別のものなのです。

　このメッセージを頻繁に伝えましょう。でも「あなたのことは
愛しているよ。でも……」と言わないように注意してください。
「でも……」は愛を打ち消してしまいます。愛情と行動を完全に
分けましょう。「あなたのことは愛しているよ。**でも**、他の男の
子たちのような服装をしてほしいんだ。そうすればからかわれな

137

いよ」と言ってはならないのです。代わりにこう言う方がいいで
しょう。「あなたを無条件で受け入れて愛しているよ。からかわ
れているのを見るのはつらいけど、いつも私は味方だよ。あなた
がありのままの自分でいてくれることが私には大切なんだよ。一
緒に乗り越えようよ」

　一度だけでなく、何度も話す試みが必要です。ジェンダー、
セックス、アイデンティティについての対話を続けられる時間を
確保しましょう。息子さんがそういう話に慣れるまで少し時間が
かかるかもしれません。彼に話しかけて反応を見ましょう。もし
抵抗したり、話し合いから逃れようとしたら、また後で話せばい
いのです。強要してはいけません。あなたが話そうとしたことに
よって、それがあなたにとって重要であり、彼のことを大切に
思っているというメッセージが伝わります。続けてみましょう。
早ければ早いほど、それが普通のことになって、お互いに楽に話
せるようになるでしょう。早くから話し始めて、話を続けていけ
ば、セクシュアリティやジェンダー・アイデンティティについて
の話が、彼にとって成長の一部となるでしょう。

　デート、自慰、キス、性的な衝動などについて話す前に、話し
合いや学びや絆のスペースを作っておくことが大切です。はじめ
は、彼の内面の体験（感情、ニーズ、内面的な葛藤など）に焦点を
当てましょう。子どもの性的な行動や気になる行為を耳にすると、
親はパニックになり対応に飛びついてしまいがちです。そんな時
も、立ち止まって、話を聞き、行動の下にどんな感情があるのか
を知ろうとしましょう。「セックス（＝行動）をしたいのは自然な
ことだよ。ガールフレンドとセックスすることについてどう思う
（行動下の感情）の？　今そうしたいと思うのは、なぜだろう？」
話す合間に何度も休みを入れながら、彼の気持ちを聞きましょう。
まずそれが第一です。行動については後で対処すればいいのです。
ほとんどの場合、それは正常な発達の範囲内です。その行動の背

景に何があるのかを、一緒に考えましょう。それが行動を変えるために最も効果的です。

　「男の子はこうすべき……」や「女の子なら……」や「それは男の子の遊びよ……」といったジェンダー・トークをしたくなる誘惑を避けましょう。また「男らしくしなさい」「女性らしく振る舞いなさい」「そんなに、めそめそしないの」といった、ジェンダー期待に基づいて感情を無効化するような発言にも特に注意が必要です。こうした言い方は、文化的に私たちに定着し、標準化されているので、無意識のうちに口がすべってしまうかもしれません。フェミニスト男子を育てるというのは、意識するしないにかかわらず、あなた自身が発するメッセージや期待を変えることをも意味します。第１章であなたが気づいた自分の偏見に責任を持って向かいましょう。

　自分とは違うジェンダーの友だちを作るよう勧めましょう。フェミニスト男子の人生にとって、自分と異なる体験や視点をもたらしてくれる女性の声の存在は非常に重要です。女の子や女性や他のジェンダーについて、発達段階に合った本や映画やテレビ番組に接する機会を与えましょう。

０～３歳の子どもとの話し方

　赤ちゃんにセクシュアリティやアイデンティティについて話すなんてとんでもないと思うかもしれませんが、こうした会話は継続的に、そして早い時期に始めるべきなのです。赤ちゃんと話す時は、体の部位を正しい言葉で表すことから始めましょう。そうすれば、あなたにとっても彼にとっても、将来も気まずい思いや居心地の悪さを感じることなく話せるようになります。

　あなた自身の認識も重要です。たとえば、本やおもちゃや服を買う時はよく考えましょう。たとえ言葉で表さなくても、あなたは常にジェンダー・アイデンティティについてのメッセージを発

信しているのです。もし、あなたの子どもが生まれた時に割り当てられた性別と違っていたら、いつか「彼女」や「別の人」になりたいと言ったら、あるいは男性に惹かれるようになったら、あなたはどう感じるでしょうか。それがあなたにとってどんな意味を持つかを考える良い時期でもあります。あなたの子どもが、どんな時でも安全だと感じられる環境を今のうちに作っておけば、彼のジェンダー・アイデンティティや性的指向にかかわらず、安心感が大きくなっても持続するでしょう。

3～4歳の子どもとの話し方

　就学前の子どもたちはとても賢くて、意識的にも無意識的にもジェンダー、アイデンティティ、セクシュアリティに関する多くのメッセージを吸収しています。自分と他人との違いや、自分の家族と他人の家族の違いに気づきます。園では活動によって男女分けされるようになります。そして男の子は、女の子とではなく、男の子同士で遊ぶのが普通だというメッセージを受け取り始めます。「男らしさ」についてのメッセージが、はっきり聞こえてくるのもこのころです。

　この年齢の子どもたちは、自分と他者との違いに気づき始めますが、それは家族の構成についてにも言えます。会話をして彼が気づいたことを認めましょう。「あの家はうちとは違うね。ママが2人いて、子どもが3人だね（など、ケースに応じて）。見た目はうちとは違っても、うちのように、家族が愛し合っているんだよ。自分と違う友だちを持つのは素晴らしいことだね」のように話しかけてみましょう。

　親自身がどんな友だちを選ぶかも重要です。親のモデリングが最も大きな影響を与えるからです。広く様々な友だちを得て、多様性を重んじていることを子どもに示しましょう。そして異なるジェンダーの人と友だちになるよう促しましょう。親がどれほど

長く話しても、本当の意味の学習は、同世代の友だちから得られるものなのです。

「男の子は……」「それは女の子のおもちゃだよ」などと言い始める年齢でもあります。そんな思い込みに挑戦して、こう尋ねてみましょう。「なぜそう思うの？　それって正しいと思う？」思い込みや吸収したメッセージについて批判的に考えられるように、彼をサポートしましょう。多くの様々なアクティビティ（演劇、サッカー、バレエ、音楽）に参加する機会を与えましょう。自動的に「男の子の活動」に参加させるのではなく、様々な興味や情熱について話し合いましょう。

年齢に応じた家のお手伝いをさせ始めるのに最適な時でもあります。お手伝いを通して重要な生活スキルを教えられます。また慣習化された料理や掃除や洗濯についてのジェンダー規範を打ち破るのにも役立ちます。

5～10歳の子どもとの話し方

小学生になると、男の子はずっと社交的になり、社会的な意識が高まり、独立心が芽生えます。家庭の外で多くの子どもや大人と接するようになり、受け取る文化的なメッセージを自分のフィルターを通して見るようになります。親の影響力が大きいことに変わりはありませんが、子どもはより広範囲の多くの情報源からメッセージを受けるようになります。

この年齢になると自分のアイデンティティがより明確になります。自分が何者なのかという、より強い感覚を持ち始める時期です。自分と家族や友だちとの類似点や相違点について考えるようになります。違いを認めたり類似点を示したりする良い機会です。彼が気づいた違いを示す言葉をたくさん共有しましょう。巻末の用語解説を参考にしてください。

この時期に、親が子どもの良い資質をすべて振り返ってみるこ

とが非常に重要です。トランスジェンダーやジェンダー・ノンコンフォーミング（ジェンダー・アイデンティティとジェンダー表現が社会から期待されているものと異なっている人についての包括的な用語）の子どもが自分のアイデンティティに気づく時期でもあるので、より多くのサポートと理解が必要です。大人のおよそ250人に1人がトランスジェンダーです[94]ので、開放的に受け入れる環境を作りましょう。子どものジェンダー・アイデンティティや性的指向にかかわらず、表現や好みに十分な選択肢を与えることが大変重要です。どんな代名詞（彼、彼女、あるいは彼でも彼女でもないthey）を好むかも尋ねてみましょう。息子さんの好むジェンダー代名詞を使うようにして、彼が他の人に対しても同じようにするよう促しましょう。

　こうしたことは、どれも親にとって難しいことかもしれません。どれほど努力したとしても、親は子どもの将来、結婚式、パートナー、恋愛相手、人生の経験といったことに、ある程度期待を持っているものです。男の子のアイデンティティが親の想像と異なる場合は、それに適応するのは困難かもしれません。心に留めておくべきなのは、それは親自身が解決しなくてはならないことであって、親子関係に持ち込むべきことではありません。傷つきやすい時期にある息子さんに心理的なダメージを与えることになりかねませんから。

　こうした会話は不意に出てくるものなので、その時のために準備しておきましょう。完璧な会話ができなくてもいいのです。どう答えたら良いか考える時間を持って、後でまた話に戻っても良いのです。「分からないから調べてみようよ」と言ってもいいのです。最も重要なのは、あなたが、こうした会話を喜んで受け入れると示すことなのです。そのメッセージは今重要なだけでなく、彼が中学生、高校生になって、より困難で大きな問題に直面した時にも重要になります。

　年齢を超えた質問──「レイプって何？」「オーラルセックスって何？」「69って？」「ポン引きってどんな人？」「なぜ人はセックスのために体を売るの？」──といった質問をされても落ち着いていてください。シンプルに、感情的にならず、しっかりと答えてください。子どもにとって、これはただ単なる質問ですから、親が冷静であればあるほど、この種の会話に親が耐えられること、そしてあなたが良い情報源であることを明確に伝えることができます。

　答えたあとに、必ずこう聞きましょう。「分かった？　他に聞きたいことはない？」即答できないことには「そうだね。ちょっと考えさせてね。今日また後で話そうよ。少し調べてみるから」と言いましょう。

　この時期は、思春期を迎えるための基礎固めです。子どもが一人で読める性に関する本を用意して、読んだあとで話し合ったり、一緒に読みたいか尋ねてみてもいいでしょう。小学生になると、男の子はワキ汗やニオイが気になり始めます。早朝の勃起は6歳くらいの男の子でも経験することもあるので、「朝起きた時にペニスが硬くなってない？　なってもならなくても、まったく普通のことなんだよ」と率直に話しましょう。小学校5年生やそれ以前でも、家や学校で自分の意思とは関係なく、意味の分からない勃起が起きる男の子もいます。

　子どもに自分の体を理解させることも大切です。「あなたの体は今思春期の準備をしているんだよ。大人の男性になり始めてるんだね。体が変化し、声が低くなり、体毛が生えてきて、ペニスに血が通って勃起するようになる。どれも正常だし、エキサイティングなことなんだ！」

　学校ではズボンの中で押さえておくといった、勃起した時にどうすれば良いかを一緒に考えてあげましょう。ペニスを触ると気持ちがいいことも教えてあげてください。それは普通のことです

が、学校ではなく、自分の部屋やトイレで行うべきだと教えましょう。また精液が分泌されたら（これも正常なことですが）手を洗ってきれいにすることも教えましょう。

　あなたが教えているのは、単に体の機能についてです。気まずさを取り除きましょう。居心地が悪いと思うのは親の方です。早くに始めれば子どもは居心地の悪い思いをしません。少し反発したり笑ったりするかもしれませんが、臨機応変に、たとえばこう言ってもいいでしょう。「こういう話、いいよね。ちょっと楽しいし。それにあなたが目の前で成長していくのを見るのは、ワクワクすることだよ！」

　これをエキサイティングな時期だと思いましょう。息子さんは成長し、自分らしくなる一歩を踏み出しているのです。彼のために、そしてあなた自身のために、その一端を担いましょう。どんなに忙しい毎日でも、彼と気持ちを通わせて会話する時間を見つけてください。私は今でも息子たちを寝かしつける時に話をします。一日の終わりに電気を消して目を合わせないことで、本当に誠実で正直な会話ができるのです。

11 〜 13 歳の子どもとの話し方

　中学生になると、思春期が訪れます。男の子の体、人間関係、アイデンティティなどに様々な変化が起こります。たとえ子どもが話したがらないように見えても、子どもとの関係を保ち、思春期のプロセスが理解できるよう助けることが本当に重要です。彼らは話したいのです。オープンに、正直に、そして頻繁に、率直に話しましょう。いつでも話せるように開放的になりましょう。男の子が自分の部屋で過ごしたり、体を触ったりする時間が増えるかもしれません。それでいいのです。彼のスペースを尊重しニーズを認めてあげましょう。「自分の体をもっと調べたり触ったりしたいと思うのは正常なことだよ。ペニスを触るのが気持ち

いいのは、成長の素晴らしい一部でもあるんだよ。でも、気持ちが良くても、触るのは自分一人の時にしようね」

　男の子は、「ぼくは誰？　ぼくは何が好きなんだろう？　誰が好きなの？」と自問しているのです。それを踏まえた上で、一人ひとりのニーズに合うように助けるにはどうすれば良いか、あなたも自問してみてください。この時期に、男の子が自分の性的指向について考えたり疑問を持ったりするのも普通のことです。また、「デート」をし始めるのも正常なことです。しかし、それはあなたが想像しているのとは違うかもしれません。相手とメールを交わしたり、多少の会話をしたりするだけで、性的な接触はまだほとんどないかもしれません。こうした恋愛は短命に終わりますが、親が、批判したり問題視したりせずに、少年の「恋愛」に興味を持ち、関心を見せる良い機会となるでしょう。それが、後々、もっと大きな恋愛についてのもっと大切な話をするための基盤になります。今は、あなたと息子さんにとっての練習ラウンドです。親が、息子さんと女の子の関係を過剰にロマンチック化することは、そうなることへの親の期待を間接的に伝えてしまうことになるので注意しましょう。関心を示しながら、受け入れる姿勢を保ちましょう。

　ジェンダーや性的指向にかかわらず、どんな関係であっても、息子さんには愛情とサポートを受け、尊重される価値があると伝えましょう。たとえ理解できない相手や気持ちが通じ合わない人にでも、敬意と思いやりを持って接することが期待されていると明確に伝えましょう。すべての人を好きになる必要はありませんが、同じ人間として尊重しなければなりません。息子さんの芽生え始めた内なるコンパスに気持ちを沿わせて、不正に対して声を上げることを教えてあげてください。何かが「おかしい」「まちがっている」と感じたら、自分のコンパスを信じて声を上げることを教えましょう。

子どもがジェンダーやセクシュアリティに疑問を持ち始めた場合には、さらなるサポートが必要です。彼の気持ちに共感し、認めて、関心を示しましょう。彼の体験に気持ちを沿わせて、注意を向けましょう。でもアドバイスや問題解決をしたいという衝動は抑えてください。もし彼が自分のジェンダー、セクシュアリティ、アイデンティティについて相談したい相手が親以外であっても、それを尊重しましょう。

　「誰に惹かれるか、みんなどうやって分かるんだろう？」というような質問をするかもしれません。子どもはたいてい、「友だち」の質問や体験として話す方が安心します。そういう時は、「友だちの」性的指向やジェンダーや質問や探求を認めて、開放的に話しましょう。彼が語る「友だちの気持ち」に共感し（「この年代の時に、友だちが自分のことを探求したいと思うのはとても普通のことだよ。誰に惹かれるかとか、自分は誰なんだろうと考えるのは正常なんだよ」と言うように心がけましょう）、行動を批判しないようにしましょう（「その友だちはデートするにはまだ若すぎるよ」などと言わないように）。

　息子さんがどんなメディアを使っているかを把握し、そこからどんなメッセージを受け取っているか尋ねてみましょう。この年頃の男の子は、不快感を与えるような変わった音楽を聴くようになります。「不適切」と思われるものを単に禁止したりブロックしたりするのではなく、彼がなぜそれを好きなのかに興味を持って、（あなたがその歌詞が気になったり、不快に感じたりする点において）彼も同じように歌詞を聞いているかどうかを尋ねましょう。そしてどう対処したらいいかを一緒に考えましょう。男の子として、人間として、彼に期待すること（加えて言葉遣いや行動を含めて他人にどう接するか）を明確にしましょう。

　彼とのつながりを維持しましょう。厳格なルールはありません。そして、男の子であることの素晴らしさを祝福するのを忘れない

でください！　彼には愛すべきところがたくさんあるのです！
彼自身がそれを理解し、自分の中に見出せるよう助けてあげてく
ださい！

14歳以上の子どもとの話し方

　思春期になるとセックスやアイデンティティの話が始まると思
う親もいます。大丈夫！　小さい男の子のいる人でこの本を読ん
でいる人なら、すっかり下準備ができています！　でも、あなた
のお子さんがすでに高校生であっても、あわてることはありませ
ん。少しだけ遅れを取り戻さなくてはなりませんが、最も重要な
メッセージは変わりません。それは、オープンな情報に基づいた
コミュニケーション、無条件の愛、受け入れ、感情の共感、そし
て彼を認めることです。

　彼はすでに多くの情報で武装しています。親の仕事は正確な情
報とそうでない情報を選別するのを手伝うことです。子どもがあ
なたから離れて大人になる過程で、正しい情報に基づいた判断が
できるように、必要なものを揃えてあげることなのです。

　個性化とは思春期の子どもが親から離れて自分の道や軌道を開
拓することです。これは正常で健全なプロセスですが親にとって
は不安なプロセスです。子どもとの距離が離れて、コントロール
を失ったと感じます。特に男の子とは話ができない「暗闇状態」
に陥り、もう親のところへは戻ってこないのかと不安になるかも
しれません。でも大丈夫です。種を明かせば——彼は必ず戻って
きます。

　ここでのあなたの役割は、10代の息子さんが親から距離を取
ることを認め、彼が自分のアイデンティティを探求する健全なプ
ロセスを認めながら、一貫した態度で、彼を受け入れ、開放的な
相談相手になることです。親は最終的には彼に旅立ってほしいは
ずです。健全で自立した大人として世界に出て行ってほしいので

す。そのことを忘れないようにしましょう。でもまだ彼には練習が必要です。思春期はシーズン前のオープン戦です。補助輪を使って独り立ちを試す時期なのです。側にいて、子どものニーズと境界線を尊重してあげてください。この過程を信じましょう。

　探求もこのプロセスの一部です。自分は誰なのか、自分の限界はどこにあるのかなど、社会からのフィードバックを受けながら、彼は人間としての使命を探求しています。これは親が見ていてもつらいものです。いたるところに、誤った判断、悪い人間関係、社会的な地雷が存在しています。彼が必要とする時に、側にいてあげてください。あなたは彼のミッション・パートナーではありませんが、彼が戻りたい時にいつでも戻れる安全基地です。どんな時でも両手を広げて受け入れましょう。そして彼が自分の使命の戦略を考える助けになりましょう。しょっちゅう子どもを呼び戻したり、指導しすぎたりするのは、邪魔になるだけで、かえって子どもを弱くしてしまいます。親の役割は、子どもが幼い時と変わっています。それを明確に認識しましょう。

　アイデンティティの模索や社会のナビゲーションには、親からの離脱と探求が伴います。今が子どもと絆を築くためのとても良い機会かもしれません。関心と共感と思いやりを持って接しましょう。

　彼の行動を指示するのではなく、ただ側にいてあげてください。可能なチョイスを示して、子どもが選択するのを助けるのは素晴らしいことです。たとえば、お酒が出るパーティに行こうとしている子どもには、「お酒が出るパーティに行きたいのは分かるけど、どんなチョイスがあるか考えてみようよ。1）行かない、2）行っても飲まない、3）行ってたくさん飲む、4）行って、ビールを持ち歩きながら一晩中ゆっくり飲み続ける、というようなチョイスがあるね。それぞれの選択肢のメリットとデメリットを検討してみようよ」と話しかけてみましょう。このような時、子ども

が受ける社会的なプレッシャーにも理解を示しましょう。彼が社会的にどう感じているのか、何が必要で、何をしたいと思うのかについて、よく考え、最も安全にそれが満たされる方法を一緒に考えてあげてください。

　親は、子どもが飲酒やセックスなどを探求するのを恐れて、行動をコントロールしようとしますが、それでは彼がかえって判断プロセスから締め出されてしまうばかりで、実際の行動を阻止することはできません。これはもちろん何でもいいというのではありません。合理的な家族のルールと期待（これについては定期的に話し合ってきたはずですね）を明確にし、子どもが個人的、家族的、社会的なニーズを理解するのを助けるということです。辛抱強く、思いやりを持って臨みましょう。これは大人にとっても大変なことですが、脳がまだ完全には発達していない思春期にとってはなお大変なのです。

　人間の脳は25歳ぐらいまで完全には発達しません。つまり、長期的な計画を立てたり、行動の影響を理解したりする部分が、まだ発達の途上にあるのです。そのため、その時の選択がどれほど現実的なものに思えても、脳の仕組みによって、すぐに変わってしまうかもしれないと、子どもに理解させましょう。今現在の気持ちが無意味だというのではありません。今現在の気持ちも、翌日起こるだろう気持ちも認識しなくてはならないということなのです。

　その一方、ジェンダー・アイデンティティや性的指向のように、時が経ってもあまり変わらないこともあります。ジェンダーやセクシュアリティは流動的ですが、トランスジェンダーとLGBTQI+（レズビアン、ゲイ、トランスジェンダー、クエスチョニング／クィア、インターセックス）の子どもたちは、自分について早くから分かっていることが多いのです。そしてそれは時間が経っても変わりません。一時的なのものか、根本的なアイデンティ

ティなのかを親が判断する際にも、この「持続性、一貫性、継続性」が基準として役立ちます。

フェミニストの心得

　ここまで読んできた読者には、息子さんと会話を始める基盤がすべて揃いました。一度きりの会話ではありません。継続的な話し合いです。あなたには語彙も、彼の発達段階についての知識も備わっています。会話を助けるカギとなるフレーズも持っています。

　こうしたことはどれも大切ですが、何より重要なのは、あなたの愛情です。迷った時は、共感し、認め、無条件の愛情を示して、受け入れることをお忘れなく。そうすれば息子さんとの関係も、彼自身も、成長することでしょう。

第5章

相手の体を尊重することと
同意の大切さを教えましょう

子どものことを考えると、友だちと遊んでいる姿、冒険心、あ
ふれるような喜び、そして笑い声などのすてきな思い出が次々と
浮かんでくるでしょう。彼は、時々あなたの限界を試したり、ま
ちがいをしたりすることもありますが、概していい子です。です
から、彼が誰かの性的や身体的な境界を無理矢理越えるようなこ
とをするなんて、想像すらできないかもしれませんね。魔がさし
たり、薬物や同調圧力の影響によって、誤った選択をしてしまう
ことはないのでしょうか?

　自分の息子について、このような自問をするのはとても困難で
す。しかし現実は、5人に1人の女性がレイプされたりされそう
になったりしているのです[95]。また、90%の性的暴行は男性に
よるものです[96]。男の子が「いい子」だというだけでは十分で
はないのです。男の子たちは、暴行や同意の基本について混乱し
ています。18 〜 25歳を対象にした全国調査では、男性回答者の
32%が「女性が実際に抵抗しなければ、それは性的暴行ではな
い」という考えに「賛同している」あるいは「どちらとも言えな
い」と答えています[97]。それについてよく考えてみてください。
男の子たちが性的暴行と同意の根本を理解していなければ、それ
を見聞きしたり実際に行ってしまっても、どうやって気づくこと
ができるのでしょうか?

　少年たちは混乱しています。母親としてジェンダー、感情、平
等といった問題について話す努力をしている私でさえも、息子た
ちの中にそれを見てしまうのです。タイラーは、YouTubeや
TikTokで見たばかりの、女性蔑視的な歌をいとも気軽に歌って
います。歌詞がいかに危険であるか、そして自分には程遠いもの
だということにも気づきません。所詮それは、友だちみんなが聴
いている曲ですから。タイラーは、スケートボーダーの髪型をし
て、タフな男のように闊歩していても、夜になると私のベッドに
もぐりこんで来ます。暗闇や一人で寝るのがまだ怖いのです。校

庭ではタフガイになろうとしていますが、自分がどれほどやさしくて愛らしいかというパラドックスに気づいていません。野球の試合では、私がハグしたり、声援を送ったりするのを恥ずかしがります。「甘えん坊」になりたくないのです。でも実際、彼はまだ「ママの小さい坊や」です。友だちの家に行くよりは家族といるのを好む少年なのです。

　男の子たちは一方で「男らしくなる」ために必要なすべての特性を教えられ、そのせいで、「有毒な男らしさ」への道を歩むことになります。しかしもう一方では、男性はひどいものだと教えられます。「強く勇敢になれ」と私たちの文化は言いますが、「でもお前のやり方は危険だ」とも言われるのです。ジャーナリストのペギー・オレンスタインがインタビューで数人の男の子たちに「男の子であることのどこが好き？」と尋ねたら、ほとんどの子が答えられなかったと言います。ある子どもは、こう答えました。「おもしろい質問だね。そんなこと考えたこともなかったよ。男の**悪い**面ばかり聞いてるでしょ」[98]。私たちは、男らしさという概念をすっかり変える必要があります。

　この章では、男の子たちが、男であることについてどう教えられているかを深く掘り下げます。それが彼らをどんな気持ちにしているか、年齢に関係なく男の子たちをどう導いていけば良いかについて述べていきます。同意の大切さ、境界線の尊重、「直観」を大事にして気づくこと、何かおかしいと感じたら主張できる特性を身につけること――あなたの息子さんにも、そういったことを理解するための知識とスキルが備わるように、一緒に努力していきましょう。

　親が意識的に模範を示すことの重要性や、相手の体を尊重することや同意について子どもと継続的に話し合うことの大切さが分かったところで、ここからは、フェミニスト男子を育てる際に直面する文化的状況について考えていきましょう。

何が男らしいのか、何が男らしくないのか

　男の子たちは、自分は何者なのか、どう行動すべきか、どんな人になるべきかというメッセージを常に受け続けています。では、「本当の男」についての共通見解とは、どういったものでしょうか？　大人は、男子の最も価値のある特性として、誠実さ、道徳心、大志、指導力などを挙げています⁽⁹⁹⁾。一方で、強さや屈強さが社会で最も評価されると考えている少年たちが非常に多いのです。誠実さと道徳心だと答えた少年はわずか2％でした⁽¹⁰⁰⁾。

　この食い違いのは理由は明らかです。社会に有毒な男らしさが蔓延しているのは、明白です。男の子は怖がったり悲しくなったりしても「我慢しろ」「男だろ」と言われます。10人中7人の少年が、親や友だちや教師や社会全体から、肉体的な強さを求められていると感じています⁽¹⁰¹⁾。少年たちは、運動神経が良くて、攻撃的で、ストイックで、支配的で、たくましいのが理想の男性像だと信じ始めます。そしてそれが性的能力をも表すという信念を持つようになるのです。2018年の、10歳から19歳の1000人以上を対象とした全国調査によれば、女子は、女の子らしさにはいろいろな形があると考えているのに対して、男子は、男らしさにはたった一つの道しかないと思っています。それは、腹が立った時の闘争的な怒り以外の感情は、何が何でも抑えなくてはならないというものでした⁽¹⁰²⁾。このような社会的なプレッシャーがどんどん内在化し、少年たちは、男らしくなる唯一の方法は強靭さとタフさを見せることだと信じるようになり、それが暴力へとつながっていくのです。多くの文化的な力によって、少年たちの狭い道すじが決められ、その過程でジェンダー不平等が助長されていくのです。次にその例を紹介しましょう。

　ボーイスカウトには、キャンプファイヤー、カヌー、アウトドアといったイメージがありますが、アメリカにはジェンダー不平

等を連想する人も多くいます。女の子には男の子とこういう活動をする「タフさがない」という想定だからです。最近、アメリカのボーイスカウトは、女子も受け入れるようになり、2020 年にははじめての女子のイーグルスカウト（訳注：ボーイスカウトの最高ランク）のクラスが承認されました[103]。これは前進への大きな第一歩ですが、「Today's Masculinity Is Stifling（今日の息苦しい男らしさ）」の筆者サラ・リッチは、より深く不安な問題を提起しています。「ガールスカウトに入りたいと言う男の子がいないのはなぜでしょう？　ガールスカウトの賞がもらえる活動は主に、コミュニティ、友愛、人の世話と言ったことに重きが置かれていて、これらはどれも、私たちの文化が女性の領域としていることに他なりません。なぜ男の子もコミュニティや友愛や人間関係を大事にすることを奨励されないのでしょうか？」

　ジェンダー平等を口先で唱える人は多くても、実際に深く掘り下げてみると、旧態依然としたジェンダー規範がまだしっかり存在しているのです。2018 年の世論調査では、思春期の子どもの92％がジェンダー平等を信じると答えていますが、54％が、子育てや家族の世話といった規範的な社会の役割は女性が担う方が安心だと答えているのです[104]。

　特にジェンダー化されているのはおもちゃです。今度お店に行った時に、特定のジェンダー用に作られたおもちゃ、洋服、学用品、ベビー用品、食べ物に目を向けてみてください。社会学者のエリザベス・スイートは、20 世紀のおもちゃのジェンダー化について研究し、現代はこれまでよりもさらにおもちゃのジェンダー化が明確になっていると述べています[105]。「玩具メーカーは、ジェンダー別のバージョンを作れば一家庭に複数のおもちゃを売ることができる」[106]からです。この傾向が深刻な問題なのは、消費者製品がアイデンティティの発達や自己表現に大きな影響を与えるからです。

「男の子用の」おもちゃだけで遊び、「男らしい」ものを食べ、ジェンダーと色を結びつけて考えながら育った少年たちは、女性的な製品を使えば自分のジェンダーとアイデンティティが脅かされると信じるような男性に育ちます[107]。女性用のデオドラントを気にせずに使える男性がどれほどいるでしょうか？　職場にマニキュアをして行ける男性がどれほどいるでしょう？　ハンドバッグを下げて買い物に行ける男性はどうでしょう？　これらはどれも、特定のジェンダーに向けて販売されたものばかりで、女らしさや男らしさの概念を強化しているのです。

　製品メーカーがジェンダー規範をアピールし強化していることに、消費者はもっと意識を向けなくてはなりません。私たちは何かを購入するたびに、一票を投じているのです。人形やトラックやお姫様のティアラを二度と買うなと言っているのではありません。どんな製品を買うかは、子どもたちへのメッセージとなります。消費者は自分の持つ力を自覚すべきだと言っているのです。もし私が息子たちに（攻撃的なビデオゲームのような）伝統的な男の子のおもちゃだけを買い、タイラーが欲しがったヴィニヤードヴァインズのピンクの服を買わなければ、男の子＝典型的な男らしい製品、というメッセージを送ることになるのです。男の子がジェンダー規範の外へ踏み出した時は、認めてサポートすることが大切です。「その帽子とってもいいね。すごくかっこいいし、よく似合っているよ！」と言いましょう。

　ジェンダー化されていない活動的なおもちゃを探しているのなら、トランポリンはどうですか？　トランポリンについては賛否両論ありますが、うちにはトランポリンが2つあって、ジェンダーを問わず2歳から13歳までの近所の子どもたちの遊び場になっています。子どもたちが集まって、一緒にトランポリンに重なり合ったり、周りに座ったり、ゲームを作ったり、お互いの安全に注意を払ったりしています。親が一歩退けば、子どもたちは

独自のルールを作り、小さな社会政治システムさえ生まれることに、私たちは驚かされます。

　チェッカーやコネクトフォーのようなボードゲームも家族のお気に入りですし、子どもたちは家族で図工や科学実験をするのも好きです。息子たちと実験セットを作るのは大変ですが、(値段は高いけど) 箱入りの実験キットもあって、助かっています。

　それから、私が子どもたちと一緒にするのが好きなのは、おもちゃとはまったく関係のないこと、そう料理です。みんなで手伝って、おいしいものを作ります。その過程でいろいろなことを覚えたり試したりします。家族全員が参加します。

ジョークが人を傷つける時

　どんな言葉をどう使うかも重要です。本当に重要なのです。肉体的に強くなって暴力に備えるべきだというプレッシャーと、女の子についての性的なコメントやジョークを見聞きすることには、非常に強い相関関係があります[108]。10 人中 6 人の少年が、他の男の子たちが女の子について性的なコメントやジョークを言うのを、少なくとも週に一度は聞いていると言います[109]。14 歳から 19 歳になるとその数字が跳ね上がり、36％の男子が毎日、こうしたコメントを耳にすると言います[110]。さらに、この年齢の半数近くが、父親や男性の家族が、女性について露骨な性的ジョークや発言をするのを聞いたことがあると言うのです[111]。考えてみましょう。今、あなたの息子さんの周りの人たち、家族や友人やクラスメイトは、どんなことを言っているのでしょうか？　そして彼は、性的なジョークやコメントにどう反応しているのでしょう？

　このようなことを頻繁に耳にすればするほど、男の子は有毒な男らしさの罠にはまっていきます。14 歳から 19 歳の少年の 3 人

に2人は、女の子にセクシーな写真やヌード写真を送ってほしいと頼んだことのある友だちが少なくとも1人はいると言います[112]。女の子にそんな写真を送るように言ってもいいんだと思うことと、女性について性的なコメントやジョークを言う父親がいることには、深い相関関係があります[113]。

この件について、ちょっと父親（や他の大人の男性）に厳しい質問をしてみましょう。「男の子が乱暴で荒っぽいのはしかたないし、女の子とはまったく違う育て方をすべきだと思っている人は、手を挙げて」と聞いてみましょう。男子たるもの、たっぷりスポーツに浸かるべきだとか、家の中でも「男の仕事」をするべきだと思っているかもしれませんね。父親が仕事で家にいない間は、「お前が一家の主なんだから、お母さんの面倒をちゃんと見ろ」なんて言っているかもしれませんね。

今こそ、父親は息子さんについてだけでなく、自分自身についても、何が本当の男らしさなのか、振り返って考えてみるべきです。男らしさの概念は、一体どこから来たのでしょう？　その信念はどれほど根深いものですか？　あなたが考えを変えたらどうなると思いますか？　他の人にどう思われるでしょうか？　周りの反応について、あなたはどのような怖れや心配や懸念を抱いていますか？　そう考えると、あなたはどんな気持ちになりますか？　そうした気持ちを健全に乗り越えるにはどうすればいいでしょう？

繰り返しになりますが、フェミニスト男子を育てるというのは（必ずしも）女性的な男の子を育てることではありません。すべての人の平等を信じ、自分に与えられた権力や特権によって自分と人とを区別しないのがフェミニスト男子です。男の子だけが母親を大事にしなくてはならないのではありません。すべての子どもが考えて、感謝すべきです。後ろの人のためにドアをあけたり、他人を尊重したり、自分にできることに責任を持ったりするのは、

すべての子どもにとって重要なライフスキルです。男の子だけの
ものではありません。

　今こそ父親や他の男性は、自分たちが男の子の周りでどんな言
葉を使っているかに注意を払い、直接男の子たちと話し合うべき
です。そうすれば男の子は女性のために立ち上がれるような内面
の強さと会話のスキルを身につけられます。さもなくば、少年た
ちは「やった」「やっつけた」「一発やった」のような暴力的で下
劣な言葉で性的な征服を語る若者になってしまいます。

感情の抑圧は怒りの爆発につながります

　「男は泣かない」「男らしくしろ」「女々しいぞ」などはどれも、
少年を「男の一員」として認めるのに使われる言葉で、感情を隠
すことの重要性を効果的に教えようとするものです。現代社会で
は、幼いころから男の子は感情に対処する別の方法を探すようプ
レッシャーをかけられています。ハーバード大学の心理学者ウィ
リアム・ポラックによれば、少年は思春期を迎えるころになると
「恥恐怖症」になり、感情や個人的な問題を仲間に話すとバカに
されると思い込んでしまいます[114]。このように感情が抑圧さ
れると、攻撃や怒りとなって外へ向かうことがよくあるのです。

　だから、男の子は我慢することを学びます。泣いたりしません。
他の少年や男性に打ち明けたりしません。誰かに打ち明けるとし
たら、相手はたいてい母親やガールフレンドや姉妹です[115]。
少年や男性にとって少なくとも感情を表せる相手がいるのは一見
良さそうに思えますが、感情の重荷を女性に背負わせることにな
り、その結果ジェンダー不平等が継続されます。感情は女性の仕
事だと教えることになるからです。男の子は自分の感情にうまく
対処する方法を見つける必要はないし、それを探そうとすれば男
として骨抜きだと見なされるのです。自分の感情を健全に認識し

たり、示したり、処理したりできない少年は、将来、有意義で持続的な大人の人間関係を作るための準備ができません。

　男性は支配力や攻撃性によって感情を処理するよう条件づけられてきました。一方、女性は危害を加えられるのを恐れて、男子をなだめることを学んできました。マーガレット・アトウッドは「男は女に笑われるのを恐れるが、女は男に殺されるのを恐れる」と痛烈に語っています[116]。男性が女性との性関係に持ち込む、抑圧された感情による暗黙の暴力の脅威は、絶えず存在し、女性にとって大変現実的で深刻なものです。同意や暴行の基本が理解できていない少年と、こうした抑圧された感情とが合わさることで、今の文化の状況ができあがったのです。

　子どもの性的な関係についての考え方は、メディアによって作られています。メディア内の性的関係は、男性が優位で女性がそれに応じるという形です。不幸なことに、それによって、少年たちは、問題の一部が自分にあるとさえ想像できなくなってしまうのです。結局のところ、彼らは自分は「いいやつ」だと考えるのです。ある大学3年生がこんなことを言いました。「いつだって悪者は他のやつらなんだ。だから自分に関係のないことは問題だとは思わないよ」[117]。

　思春期の男子による性的暴行は、計画性のない出来心による犯罪であることが多いのです。「チャンスがあったからやったというわけです。彼らは無関心で、無知で、衝動的で、女の子や女性を一人の完全な人間として見ることを学んでいません」[118]。境界線の尊重や、同意や、相手の体を尊重することについて話し合わずに育った少年は、世界が見えない特権的な人間に育ってしまいます。自分が問題の一部であるはずなどないと思っているので、わざわざ考える意味はないと思うのです。

会話をやめてはいけません

　あなたも、セックスの仕組みや安全なセックスについて子ども
と話したことがあるかもしれませんね。でも少年たちの大多数は、
相手もセックスをしたいと思っているのか、自分とセックスをす
るのを嫌がっていないかを確認する方法、セックスのパートナー
を尊重し大切にするということはどういうことか、などについて
は、一度でも親と話したことがないと言っています[119]。少年
たちの3分の2は、「酔っていて同意を与えられない人とセック
スをしてはいけない」と誰にも言われたことがありません。また、
67%が、いやと言った相手にセックスを強要しないことの重要性
について、親と話したことすらないと言っています[120]。

　私たちは親として、もっとうまくやれるはずです。そうしなく
てはなりません。親が積極的にそして率直に話さなければ、男の
子たちのマインドセットを変えて、同意をめぐる問題の重大性を
本当に理解させることはできないでしょう。

　ここまでの章や自分の体験からも、たった一度だけセックスに
ついて話しても意味がないことが分かりますよね。会話の効果を
継続させるカギは、頻繁に、早い段階で、年齢に合った方法で話
し合うことです。決まりの悪い話にする必要はありません。気軽
に話せば良いのです。たとえば、家で小学生の男の子と映画やテ
レビ番組を観ていて、女性を軽蔑するようなセリフが出てきたら、
テレビを止めて、何か気づいたことはないかと尋ねてみましょう。
「どう思った？　どうしてそんなセリフが映画に出てきたの？
それで傷つくのは誰？」

　息子と車に乗っていた時のことです。ロビン・シックの曲「ブ
ラード・ラインズ——今夜はヘイ・ヘイ・ヘイ」が流れてきまし
た。2人とも自然に歌い始めましたが、つい口からすべり出たあ
る歌詞が気にかかりました。息子が女性蔑視に気づく手助けをし

なくてはと思いました。そこで息子と一緒に歌詞を分析しながら尋ねることにしました。

「『女性を飼い慣らす』ってどういう意味だと思う？」
「さっぱり分からないよ」
「考えてごらん。飼い慣らすのは、他にどんなものがある？」
「動物だよね。あれ、変だね」

　私たちは、なぜ歌詞の中で女性が、男性が解放しなくてはならない動物のように描かれているのかを話し合いました。深く掘り下げて、考える時間と場所を作り、日常的に文化が発するメッセージについて話し合えれば、男の子が独り立ちしてからも、そういうことが分かるようになります。意味を理解するのも重要ですが、立ち止まって気づき、無意識のうちに忍び込んでくるメッセージに対抗することが最も重要なのです。私は息子には、批判精神を持った消費者になってほしいと思います。そして私たちが吸収していることの実に多くが精査されていないことに気づいてほしいのです。したがって、できるだけ多くチェックすることが私たちの責任なのです。

同意と性的暴行の意味を説明しましょう

　同意と性的暴行の意味に関する少年たちの混乱を、解消しようではありませんか。**同意**とは性行為についての両者の意見が同じであることです。「でも、それって雰囲気のぶち壊しにならない？」と思うかもしれません。でもそうはなりません。何よりもまず、同意はコミュニケーションです。毎回必要なコミュニケーションなのです。
　同意とは、子どもが自分の境界線を決めること、そして相手の

境界線、限度、欲求をも尊重することです。相手が自分と、どの程度まで性的な関係になりたいと思っているかを、男の子は知るべきです。何をしたいのか、何をしたくないのか、自分自身にもパートナーにも正直になるべきです。明白でなければ、自分とパートナーに尋ねなくてはなりません。しかし、あなたはこう思うかもしれません。「それはそうかもしれませんね。でも私の不器用な10代の息子が、パートナーの胸や体を触っていいかどうかを、丁寧に一々尋ねるなんて、想像もつきませんよ」と。でも同意とコミュニケーションは単なる取引ではないのです。情熱的な言葉にもなるのです。

　セックスが活力を与え、絆を作り、楽しいものであるのが理想です。行き当たりばったりの行為は、状況によっては情熱的かもしれませんが、現実には、こうしたタイプの出会いはほとんどが失敗に終わってしまいます。あなた自身の昔を思い起こしてみてください。最高に情熱的だったセックスを思い出してみましょう。それはきっと、あなたとしっかりした絆のある、あなたを大切にしてくれる人とのセックス、あるいは情熱的な言葉を伴うセックスだったかもしれません。

　良い恋人とは受け取るだけでなく与える人であること、そして重要なのは恋人の好みを知ることだと子どもに教えましょう。相手に尋ねて、それを2人の性体験に組み込んでいきましょう。自分が好むことを知り、それを相手に伝えるよう教えましょう。パートナーにも教えてもらい、その都度、何をしたいのかをお互いに理解しましょう。「首の後ろのキスがいいな。きみはどうされたい？　ぼくにどうしてほしいの？」と聞けばいいのです。彼の性体験についてすべてを話させる必要はありませんが、同意とは（無理矢理ではなく）自由意思によって伝えるべきものであるということを、しっかり教えなくてなりません。また、同意とは、誰でも途中で気が変わってもいいこと、正しい情報が与えられて

いること、そして熱心で具体的であるべきです。

　同意の重要点を覚えましょう（訳注：原文はそれぞれの頭文字を取って「FRIES」となっています）[121]。

- 自由意思で与える（Freely given）
- 気が変わってもいい（Reversible）
- 情報に基づいた同意（Informed）
- 熱意を込めた同意（Enthusiastic）
- 具体的な同意（Specific）

自由意思で与える：同意とは、圧力をかけられたり小細工されたりせずに、また薬物やアルコールの影響を受けずに、自分で選択することです。

気が変わっていもいい：いつ気が変わってもいいのです。以前したとしても、たとえ2人で裸でベッドに横たわっていても、気が変わったと言っていいのです。

情報に基づいた同意：全体の物語が分かっていなければ同意できません。たとえば、コンドームを使うと言ったのに使わなかったら、完全な同意とは言えません。

熱意を込めた同意：セックスに関しては、自分が**したい**ことをするべきです。期待されていると感じたからするのではありません。

具体的な同意：一つのことにイエス（たとえば、ベッドルームでいちゃつく）と言ったからといって、他のこと（たとえば、セックスをする）に同意したわけではありません。

　息子さんが同意について理解したら、さらに、同意する人の状態についても理解する必要があります。酔っている人は同意できますか？　年齢はどうですか？　圧力をかけられて同意を迫られ

ているかどうかは、どうすれば分かるでしょうか？　こうした重要な質問は、あなたと息子さんが困難な問題に取り組むための良い機会となります。

　次に性的暴行について見ていきましょう。多くの思春期の子どもたちは、どんな範囲の行動が性的暴行なのかを理解していません。人に物理的な危害を加えることが暴行の定義だと思われがちですが、それだけではありません。「暴行を加えるぞ」と実際に脅したり、暴行を加えそうになったりすることも含まれます。暴行の定義に「身体的な危害を受けるのではないかと人に恐怖感を与えるような意図的行為」が含まれる場合もあります[(122)]。このように定義を広げることによって、被害者が肉体的な危害を受ける前に警察が介入することができるのです。暴行には広範囲の行為が含まれることを息子さんに理解してもらうのにも役立つでしょう。

　いろいろな例や設定を一緒に見ながら、様々な状況における同意と暴行について理解を深めるようにしましょう。子どもたちは、当然こうした境界線を試そうとします。親の仕事は子どもがその境界線を認識できるようにすることです。うちの場合は、子どもたちがレスリング——私が「児童格闘場」と呼ぶ庭のトランポリン遊びですが——によって、どこまでやれば、やりすぎになるかを、非言語的なコミュニケーションを使って学ぶことができます。これはアクティブな学習プロセスです。子どもたちは空気を読むこと、観客について知ること、きょうだいのボディランゲージを見ること、言われたことに耳を傾けることを学びます。そうしたニュアンスによって、それが友好的で楽しい触れ合いなのか、誰かが今、あるいは後でひどく傷つくことになるのか、といった違いが生じます。現代の文化では、どんな身体的な危険の兆候でも排除しようとしますが、それはかえって害になると私は思っています。

レスリングなんてとんでもないと思ったり、場所に制限がある場合は（私の場合はレスリングの騒音で頭が割れそうになるので、必然的に屋外で闘わせます）、他の遊びにこの理論を使ってもいいでしょう。一言で言えば、親は少し引く方がいいのです。子どもたちが本能的に解決できると信じましょう。行き詰まったり助けが必要な時のためだけに側にいればいいのです。

人間関係のための感情スキルを共有しましょう

　思いやりと意義のある持続する人間関係を築く準備が、まるでできずに終わる若者が大勢います。ハーバード大学の「Making Caring Common Project」が行った調査によると、18歳から25歳の若者の70%が、恋愛関係の感情面について親がもっと話してくれれば良かったと言っています。あなたの息子さんも、どんな風に恋愛を始めれば良いのか、どうすれば成熟した関係が築けるのか、恋愛の破局にはどう対処すれば良いのか、傷つかずにすむにはどうすればいいのか、といったことを知りたがっています[123]。彼と話し合いましょう。そしてあなたの経験から得たことを共有してください。

　健全な関係とはどういうものかを、行動を通して示すこともできます。健全な関係は、信頼、コミュニケーション、相互尊重、誠実さ、忍耐、理解、安全性の上に築かれるものです。パートナーや子どもたちとの今の関係が、良いお手本になるかどうか、振り返って考えてみましょう。健全な関係の特徴はどのように表れていますか？　それは相手にどう受け取られていますか？　子どもの模範にもっとなれるように、あなた自身の人間関係で取り組みたいことはありませんか？　家庭の中で衝突があった時、口論や和解はどのようにして行われていますか？　意識していても

いなくても、あなたの行動がお手本になっているのです。健全な
関係の模範を示せるように、できる限り努力しましょう。

　健全な体の触れ合いとは、お手本を示すようなものではないと
思われがちですが、実はこれこそが、境界線の尊重や愛情の共有
を教えるために重要なのです。15歳になった息子さんは、5歳の
ころのように親に抱きつきたいとは思わないでしょう。刻々と成
長する息子さんに愛情のお手本を見せるのは困難かもしれません
が、愛情のこもった触れ合いは、健全な人間関係を築くために大
変重要な部分です。

　あなたは、息子さんが赤ちゃんの時から、抱っこしたり、あや
したり、おでこにキスしたりしてきたことでしょう。大きくなっ
た子どもは、もうハグなんかしてほしくないだろうと思うかもし
れませんが、そうではありません。健全な感情と神経生物学的な
発達を促すために、人生のすべての段階で、愛情のこもった触れ
合いが必要なのです。親は、子どもが生まれた時から健全な触れ
合いの模範となり、健全で思いやりのある関係の快適さを教える
ことができる、ユニークな立場にあるのです。

相手の体を尊重することと同意について 教えるヒント

　幼いころから同意について教えることは、生涯通じて、相手の
身体的、そして精神的な境界線を尊重するための基礎となります。
男の子ができるだけ早くそれを学ぶことが、自分にとっても他者
にとっても安全な人間関係の構築につながるでしょう。

0～4歳のためのスキル
　子どもたちには、自分の体にとって何が心地よいかということ
と、体について自分で決めたことは尊重されるべきだということ

を、教える必要があります。幼い時から、自分の境界線を尊重して自分の体を管理するよう教えましょう。

● 彼を抱きしめた時に嫌がられたら、離しましょう。
● 彼がくすぐらないでと言ったら、すぐにやめましょう。
● 彼に髪をなでられるのが好きかどうかを尋ねましょう。
● そうしたくなければ、おばあちゃんへのハグやキスを無理強いしてはいけません。
● お風呂で彼の体を洗う前に、洗ってもいい？と彼の許可を得ましょう。

　子どもの体の主体性や、何が心地よくて何が不快か子ども自身が決めたことを尊重しましょう。子どもはいつもハグしたいわけではないかもしれません。そういう時は無理強いしないように親戚の人たちにも話しておく必要があるかもしれませんね。子どもがハグや触られるのがいやだと言ったら、それを尊重しましょう。
　服装や髪型のような日常的な選択に、イエスやノーと言う機会を子どもに与えましょう。そうすることで自分の体をコントロールする感覚を身につけ、自分の好みを声に出して言うことを学びます。でも、（たとえば一人で道を渡ろうとするような）危険な状況で、あなたが介入しなければならない時には、子どもの声も聞こえたし、それを尊重もしているけれど、安全のために親として介入しなくてはならない場合もあるのだと、きちんと説明してあげてください。
　「直観」や「お腹の声」についても話しましょう。居心地が悪かったり、変な気がしたり、不安になった時に教えてくれる「お腹の声」に気づくことを教えましょう。その声に気づいて、その時の気持ちを言葉で表すよう教えましょう。
　体の部位について話す時、（たとえば、ペニスのことをピーピーと

呼ぶような）赤ちゃん言葉を使わずに、正しい名称を使いましょう。そうすれば恥ずかしさがなくなり、体について親と自信を持って話し合えるようになります。性的虐待を受けた時にも、それを報告するための言葉が身につきます。

　誰かが「ノー」「やめて」「もういやだ」というような言葉を使ったら、その人の境界線を尊重するように教えましょう。もしあなたの子どもが誰かを傷つけたら、彼の行動がどのように人を傷つけたかを説明して、共感について教えましょう。自分が同じことをされたらどんな気持ちになるかを想像させましょう。傷つけてしまった相手をどう助ければ良いかも考えるよう促しましょう。

　行動を観察したり認識したりすることに慣れさせましょう。ペットやきょうだい、友だちや親を観察するような簡単なものでもいいのです。「○○は今日どんな気分だと思う？　そう思ったヒントは何かな？」のように話しかけてみてください。困っている子どもがいたら助けるように教えましょう。近所の人や友だちや妹など、人を助ける機会を探すよう教えましょう。価値観を育む機会を与え、人を思いやったり助けたりすることの心地よさを教えましょう。

5〜10歳のためのスキル

　デリケートなことがらについても前向きに正直に話す姿勢を子どもに示しましょう。彼の体の変化——歯が抜けたり、勃起したりなど、何であっても——についてあなたがどんな話し方をするかによって、こうした話は恥ずかしくないし、いつでも親と話していいんだということが子どもに伝わります。

　積極的に子どもの話を聞くお手本になって、どんな難しいことでも、冷静に率直に子どもに答えられると示しましょう。将来もっと大きな問題が起きても、親に打ち明けられる土台となります。

観察することを奨励しましょう。校庭や学校で何が起きたかを話してもらいましょう。そのできごとによってどんな気持ちになったかも尋ねましょう。違う行動をすれば良かったと思うかも聞いてみましょう。

友だちと遊んでいる時に時々立ち止まって、自分や友だちの気持ちを確認することを教えましょう。ちょっとの時間でいいのです。これは、健全な恋愛関係や同意に必要なスキルの練習になります。自分の行動が他の人に影響を与えると教えましょう。彼のしたことや、しなかったことに対して、人がどんな反応をしたかを観察するように促しましょう。彼の行動によってどんなことが起きるでしょうか？　そしてそれが他の人たちの気持ちにどんな影響を与えるでしょう？　自分の行動が人に与えた影響を見てどう思ったか、子どもに尋ねてみましょう。

11 ～ 13 歳のためのスキル

中学時代は混乱期で、様々な情報源から信頼性の低い情報が彼の耳に入るかもしれません。信頼できる大人に相談する重要性を強調しましょう。聞きたいことがあれば、いつでもあなたや信頼できる大人に話せばいいと念押ししましょう。そしてあなた自身も、彼の質問を受け止めて、冷静に偏見を持たずに答えられる準備をしておきましょう。子どものどんな質問にも対応できることを示せれば示せるほど、どんなことでも相談してくれるようになるでしょう。

今こそ、「同意」「性的虐待」「暴行」といった言葉を明確に定義するべき時です。セックスの話を継続しながら、同意についての情報も盛り込んでいきましょう。このように尋ねてみましょう。「相手があなたにキスしたり触ったりしたいと思っているかどうか、どうすれば分かるかな？」「ある人があなたに興味を持っているかどうかは、どうすれば見分けられる？」「そうでない場合

は、どうすれば分かる？」「相手にプレッシャーを与えてるかどうかを知るにはどうすればいい？」　あなたの子どもが、相手を尊重できる思いやりのあるフェミニスト男子になれるように、同意の求め方を次のように教えましょう。

- 「キスしてもいい？　触ってもいい？　あなたのシャツを脱がせてもいい？」
- 「○○してもいい？」（○○はしたい行為）
- 「次に何をしてほしい？」
- 「続けてもいい？　それともやめてほしい？」
- 「どこまでしたい？」

　いろいろなタッチの種類についても教えましょう。この年頃の男子は、お互いのお尻や性器を叩くような「タッチゲーム」をすることがあります。そうした行為が相手にどんな影響を与えるか、子どもと話し合ってみましょう。「○○されて、その子たちは喜んだと思う？　どんな気持ちになっただろう？　あなたが誰かに、○○されたらどんな気持ちになると思う？」のように聞いてみましょう。

　彼が、健全な関係と不健全な関係を見分けられるように助けてあげてください。家族や地域社会や、テレビや映画で、子どもがよく知っている例を用いて、それぞれの関係がどう違うかを話し合いましょう。道徳的な人とはどういう人でしょう？　尊厳を持ち、人を尊重するというのは、どういうことでしょう？　弱い立場にある人や、危害を加えられそうな人を助け、その人のために声を上げるにはどうすればいいでしょうか？

14歳以上のためのスキル

　セクシュアルハラスメントや暴行について、架空の物語を使っ

171

て話し合いましょう。何が問題でしょうか？　どうすればいいで
しょう？　虐待被害者の物語を共有しましょう。性的暴行がもた
らす結果について知るのは非常にパワフルな経験となります。そ
の状況から、彼は何を学ぶでしょうか？　被害者の話を聞いて、
彼の行動や感じ方は変わるでしょうか？　人が性的境界線を侵す
原因はどんな感情なのか、息子さんと一緒に分析して確認しま
しょう。そこには感情的や行動的な危険信号がありましたか？
こうした状況やそれにまつわる感情は、どうすればよりうまく処
理できたでしょうか？

　息子さんがアライになるよう励ましましょう。こうした状況が
起きた時、自分の安全を守りながら、人のために立ち上がって介
入する方法を話し合いましょう。加害者に一人で立ち向かうので
はなく、友だちと一緒に介入するのはどうでしょう？

　メディアや文化全般を批判的に見ることを教えましょう。女性
蔑視や、女性の品位を落とすようなことに気づいたら、それを指
摘しましょう。彼も同じように気がつくでしょうか？　それを
知って彼はどう感じたでしょう？　男らしさとは何か、若い息子
さんの良き指導者になりましょう。男らしさの良いところと、有
害なところはどこでしょう？　男らしさの定義を広げて、もっと
包摂的なものにするには、どうすればいいでしょう？

　パーティでの安全についても話し合いましょう。飲みすぎたら、
どのようにしてそれが分かりますか？　飲んでいる時に、どうす
れば自分や他者の安全を守れるでしょう？　酔っている人は、同
意することができますか？　酔っている時の自分の行動は、どう
変わりますか？　周囲の人の行動がお酒で変わるのに気づいたこ
とはありますか？　酔っている友だちに、酔っていない人や信頼
できる人に車を家まで運転してもらおうと主張することはできま
すか？

フェミニストの心得

　あなたの息子さんはまだ、公園の遊具を使いこなそうと一生懸命な年頃かもしれませんね。でも彼が性差別的なパーティに招かれる日もそう遠くはありません。あなたの小さい坊やが、あなたが望むような素晴らしい男性になるとは限りません。それが現実なのです。親のあなたは、彼に健全で愛情に満ちた恋愛関係を教えられる最良の立場にいます。早めに、そして頻繁に会話をするようにしましょう。そうしたステップが、息子さんにポジティブな影響を与えて、彼が不完全な社会に足を踏み入れるための準備になります。その効果はきっとあなたを驚かせてくれることでしょう。

第6章
メディアを使って
平等と正義について話し合いましょう

私たちはテクノロジーに囲まれています。いくつものケーブルや充電器を整理するだけでも大変なのに、ケーブルを通じて出てくるメッセージに注意を払うのは大変なことです。あなたは男の子が生まれた時から大切に育て、危険から守り、彼の環境のほとんどをコントロールしてきました。でも男の子が成長して親の管理が届かなくなるのは、つらいものかもしれませんね。少年が友だちから、学校から、あるいはスマートフォンから得るメッセージは、親にはもうコントロールできません。それでも親は、まだ子どもが保護されて健全だったころの考えに強く固執してしまうことがあります。しかしそれは、子どもがメディアを通してすでにセックスや暴力や女性蔑視などにさらされているという現実から、目を背けることに他なりません。

　娘のイブが車の中で私にこう聞きました「ストリッパーって何？」

　息子のキャムが「フェラって何？」と大声で尋ねます。

　タイラーは「サラダを混ぜるって何のこと？（アナル舐め）」と興味津々です。

　こんな質問をされて、唖然としているのはあなただけではありません。ディナーパーティで気軽に子育ての話を交わしていても、こうした親の反応を見ることがよくあります。しかし、正直なところ、子どもたちは、さらされることで知識を得ているのです。あなたのチョイスは、彼が道を踏み外さないようにガードレールになるか、ならないかのどちらかです。まだ親がこうしたことに慣れていない場合、子どもは山ほど質問をため込んでいるかもしれません。あなたが不快に思うのではないかと、質問をそのままにしているかもしれないのです。

　6歳児とセックスの話をするなんて、私は夢にも思っていませんでしたが、つい先週、娘に「ママたちはもうすぐセックスするの？」と聞かれました。これこそが子育ての予期せぬ現実なので

す。しかし、おかげで思いがけなく娘との絆と親密さが深まりました。信頼できる会話ができたからです。

「きっとそうね。イブ、あなたはいつかセックスをすると思う？」

「ううん。多分しないと思うよ」

「あなたがもっと大きくなって、膣が痛くないようになるまで、待たないといけないよね」

「うん、分かってるよ、ママ」

その後も、いつセックスをするのか、なぜ今ではないのか、という対話が続きました。私の娘は典型的な6歳児より多くの教育と情報を得ていると私は確信しています。娘があの恐ろしい統計の一人にならないことを願っています。

今日の子どもたちは、今まで以上に多様なメディアにさらされています。広告、ゲーム、本、テレビ番組、映画、TikTok、YouTube、インスタグラム、など挙げればきりがありません。指導しなければ、子どもたちは、男らしさ、アイデンティティ、ジェンダー、平等、正義、セクシュアリティ、恋愛などについての誤った情報や、有害な表現に満ちあふれた世界を、自分たちだけで解き明かしていかなくてはなりません。親は、子どものメディア習慣、どんなメディアを使っているか、どんなメッセージにさらされているか、などについてもっと知るべきです。そして、子どもに届く言葉としてメディアを会話に利用するのです。メディアは現代の男の子にすでに広く行き渡っています。今こそ私たちもゲームに参加すべきです。

今日、テクノロジーは四六時中アクセスが可能です。家庭で話し合いが行われなければ子どもたちはどこかに行ってしまいます。たとえば、ポルノは新しい性教育になってしまいました。はじめてポルノを見る平均年齢は11歳と言われています[124]。ベッドの下に薄汚れた雑誌を隠していた時代は終わりました。今や、

3Dでインタラクティブで、簡単にアクセスできるあらゆる種類のポルノが、指を動かせば、すぐに現れるのです。したがって、誤った情報や不正確な性表現が、話し合う前に子どもたちに吸収されてしまいます。早期にポルノに触れることによって、自分や他者に対する性的な見方が形成されてしまうのです。

　私たちは、テクノロジーの新しい世界で子どもを育てています。昔あなたが親と交わした会話（そういう話をしたとすれば）は、もはや意味がありません。メディアに頻繁に触れることで、子どもの価値観、信念、夢、期待といったものが形成され、影響を受けることが分かっています[125]。幼少期に受けるメッセージによって、ジェンダーのステレオタイプや、文化の男女への期待についての考え方が形成されていきます。深く浸みこんだ観念が、将来のキャリアの選択や、自己価値や自尊感情、そして性的、恋愛的な期待などに影響を与えます。

　暴力は学習行動でもあります。メディアが、女性や先住民族や非白人やLGBTQI+のコミュニティの人々を「モノ」と見なすことによって、平等や正義についての有害な信念が続いているのです。人を人としてではなくモノとして描くことは、その人たちに対する暴力を正当化する最初の手段の一つとなります。

　先述したように、人の「モノ化」は、ポルノよりもずっと深く、さらに微妙な意味合いを持ちます。「モノ化」とは、人をその機能や役割にまで貶め、人間性を否定することで、日常生活にもいくつもの例を見出すことができます。たとえば、私たちは夕食後の台所の片付けは女性がすると思い込んでいます。会社の清掃業者に丁寧なあいさつをしても、その後は、その人がオフィス内にいないかのように、一日を過ごしています。コーヒー店でも、バリスタにはほとんど注意を払いません。コーヒーが早く欲しいだけです。すべての人の親友になる必要はありませんが、人を手段としてしか見ないのは、日常生活の中で人をモノ化することなの

です。子どもたちは私たちを見ています。数分でいいのです。少し時間を作って、仕事ではなくその人を知るために質問をしてみましょう。人間性とつながりのお手本を示しましょう。

　こういう話は子どもが高校生になってからでいいと思う人も多いかもしれませんね。しかし、その時点では、子どもはすでにアダルトメディアの言語やイメージにさらされています。年上のきょうだいがいると、幼い子どもでも、親が気づかないようなものを見たり聞いたりしています。別に不安をかき立てようとしているわけではありませんが、親として子どもが生きている新しい世界の現実に目をつぶるのをやめるべき時が来たという警鐘を鳴らすことは必要だと思います。

男の子はどこから情報を得ているのでしょうか？

　息子のキャムに言わせると、有名ユーチューバーのLazarBeamは「いいやつで親切」だそうです。しかし、彼のYouTubeをよく見てみると、マインクラフト・ビレッジをペニスで作っているのに気づきました。キャムは笑いながら「睾丸で繁殖地も作ってるんだよ。彼はすごくマネタイズ（収益を得ること）してるんだ！」と言います。これはこの世の終わりではありませんが、私の子どもに四六時中見せたいメッセージでないことは確かです。メディアのコンテンツは性的なだけではありません。家の中で一日中ゲームをしたり、悪態をついたり、悪い言葉を使ったりするのがかっこいいと思わせるようなコンテンツも問題なのです。私は息子に、古き良き時代から続く、本を読んで想像力を育ててほしいと願っています（私まるで恐竜時代の産物みたい！）。しかし、今日の文化では、ユーチューバーたちが、子どもの理想像です。子どもたちがメディアから影響を受けているのが現実なのです。

親として私たちは息子たちと会話をして、彼らが受け取るメッセージを理解する助けとなる必要があります。

　2019年にアメリカで行われた8歳から18歳まで1600人以上の子どもを対象とした調査によれば、8歳から12歳の子どもたちは、1日5時間弱をメディアに費やしていることが分かっています[126]。テレビやビデオを2時間半見て、ゲームに1時間半、SNSやネット閲覧や、コンテンツの作成やビデオチャット、電子書籍を読んだり、といったことに1時間を費やしています[127]。13歳から18歳では、平均しておよそ7時間半をスクリーンの前で過ごしています[128]。この間、どんなメッセージが発せられているのでしょう？　あなたは、息子さんが何を見聞きしているのか、何を読んでいるのかをどれほど知っていますか？

　「子ども向け」のコンテンツで、つまり、露骨な言葉が使われていなくて、暴力的や性的な内容でさえなければ、親は子どもを外界の危険から守っていられると信じたいのです。だって子どもは、同じ屋根の下でiPadを使っているだけですから、それほど悪いことにはならないだろうと思うのです。しかし、私たちは誤った安心感に簡単に惑わされています。目が届かないところで子どもたちがインターネットにアクセスすることの危険性について、しっかり考えるべきなのです。

　膨大な数のチャンネル、投稿、クリック、「いいね！」が蔓延する世界では、常にレベルアップが求められます。人は、よりショッキングな暴力やセックスの画像を投稿するようになります。そうしたものが最も注目されるからです。あるいは、ジェンダー、人種、年齢を基にして単純化された薄っぺらいキャラクターを作り出します。キャラクターの好き嫌いをも、一般化しステレオタイプ化してしまうのです。これでは、自分のアイデンティティや特性に対する子どもたちの理解が阻まれて、現実の人間のニュア

ンスや深さを知る機会が奪われてしまいます。

　親として私たちはそれを補わなくてはなりません。その第一歩は、こうしたことが起きている現実を認めることです。そんなことはあり得ないというふりをしてはいけません。メディアが子どもたちの生活の大きな部分を占めていることを理解し、彼らの世界に入って理解し、話し合うために私たちもメディアを受け入れなくてはならないのです。

子どもの知っていることについて話しましょう

　自分の息子が毎日見ているメディアから深い影響を受けていることや、11歳の少年がすでに性的なイメージやポルノに触れているということを受け入れるのは、親としてつらいものです。その不安感が冷静な親をも、息子のリュックや部屋やスマホの中を探させ、子どもが知っていることを事細かに問いたださせるのです。しかしそれが、お互いに正直になって信頼し合える強い絆を築く最良の方法ではないことは、誰もが知っています。子どものメディアライフに参加するための適切な心構えについて、いくつかお話ししましょう。

無理強いせず、気軽に話しましょう

　気まずい話をダラダラと長く続ける必要はありません。車の中や、一緒にどこかへ歩いていく時などに、ちょっとした短い会話を無理なくするのが、良いでしょう。顔を突き合わせずに話す方がやりやすい場合もよくあります。たとえば、並んで歩いている時や、車に一緒に乗っている時や、並んで暖炉にあたっている時などがいいでしょう。軽いトーンで話しましょう。そして彼がまだ話す準備ができていないことについては、無理強いしないよう

にします。

　あなた自身のセクシュアリティについての考え方が、息子さんが自分のセクシュアリティをどう定義し構築していくかに、直接影響を与えることもお忘れなく。こうしたことについて、大げさにせず気軽に話し、これは普通のことで大人になることの一部であると、伝えましょう。

シンプルに、正直に、好奇心を持って話しましょう

　セックスや男らしさ、ジェンダー・ステレオタイプ、アイデンティティの発達などの専門家でなくても、子どもと話し合うことはできます。ただ、彼の世界や考えや気持ちに対して、率直な興味を示すようにしてください。あなたにすべての答えやアドバイスを求めているわけではありません。本当に重要なことは、良い質問をして、理解しようと積極的に耳を傾けることです。息子さんにお説教をしようとするのではなく、ただ好奇心を持って接しましょう。

　彼は世の中のことをどう思っているでしょう？　世界をどう変えたいと思っているのでしょうか？　好きなことや嫌いなことは何でしょう？　自分や他者についてどんな考えを持っているのでしょう？

　彼にとって平等や正義はどんな意味を持つのでしょう？　自分にも彼にも正直になりましょう。すべてが分からなくてもいいのです。プレッシャーを感じる必要はありません。分からないことは、「分からないけど調べてからまた話そうね」と子どもに言いましょう。あなたが自分の弱さや限界を子どもと共有することは、子どもにとってありがたいことなのです。誰もが同じようにこうした大きな問題に不完全ながら取り組んでいることが彼に伝わるでしょう。子どものリードに従って、あなたを彼の世界に案内してもらいましょう。

子どもとの関係と絆を深めましょう

　思春期の子どもが次第に親から離れて独立心が強くなるのは自然なことですが、それでも、人とのつながりや、有意義な人間関係を求める気持ちは、これまでと同じように強いのです。10代の子どもが、あなたを遠ざけようとしているように見えたとしても、彼には成長するための自分のスペースが必要で、それでもあなたに愛情とつながりを求めており、そして健全な人間関係がどのようなものか、あなたをお手本にしているのだということを理解していてください。

　息子さんとの関係に不安があったり、言われたことにどう答えて良いか分からなかったり、いつこうしたことについて話し始めれば良いかタイミングが分からなかったりしても、心配ありません。自分にこう問いかけてみましょう。「子どもと話し合うことで、子どもとの距離が縮まるだろうか、それとも離れてしまうだろうか？　子どもとの関係において優先すべきことは何だろう？　私は家庭の中に安心と絆を作れているだろうか？」幼い子どもの問題はまだ小さいものです。幼いころに信頼と思いやりのある関係を築くことができれば、後に、大きくなった子どもが直面する大きな問題を解決する手助けができるようになりますよ。

判断しようとせずに中立的なスタンスを取りましょう

　とても話しにくいことを友だちに打ち明けたのに、「そんな風に思うべきではない」と批判されたことはありませんか？　すると、つらい気持ちになっただけで、癒しにも学びにもならなかったかもしれませんね。あなたが息子さんの世界に入れてもらいたいと思うのなら、批判精神を横に置いておく必要があります。それは、境界線や家族の大切な価値観を持ってはいけないと言うことではありません。中立的な姿勢でいれば、あなたには何でも打ち明けられるし、あなたが説教しようと待ち構えているわけでは

ないと、子どもに分かってもらえます。あなたの基準で判断しようとせずに、子どもが自由に答えられる質問をすれば、あなたの手に負えそうもないと思った部分も割愛せずにそのまま話してくれ、彼の世界に飛び込むことができます。

　私の息子たちが思春期に近づくにつれて、こうしたことがよく起きるようになりました。私は友だちと軽いセクシーなジョークを交わすのが好きで、よく私の方から冗談を言うぐらいです。ある時、息子が学校で無作為に勃起して困ると私に言いました。私は笑いをぐっとこらえて、ベルトでしっかり押さえるようにと教えなくてはなりませんでした。彼に恥をかかせないように、事務的にきちんと話をするべきだと分かっていましたから。今日はまだめでも、いつかきっと一緒に笑える日が来るでしょう。それから、自慰行為は人間の発育の一部であるということも伝えるようにしましょう。「精液の詰まったソックス」を部屋に隠すことはないし、自分できれいに後始末をしてから、ソックスを洗濯かごに入れればいいのだと、教えてあげてください。それがお互いのためでもあると。

　息子さんがメディアで見聞きしたことについて何かコメントしたら、もっと尋ねて、より深く掘り下げましょう。「その言葉はどこで覚えたの？」「他にも何か聞いた？」「どういう意味だと思う？」「その言葉を聞いたり、自分で言ったりすると、どんな気持ちになる？」のように、関心を示して尋ねましょう。叱ってはいけません。どんなことであっても、あなたは冷静に、落ち着いて、判断しようとせずに、対処できるということを、子どもに伝えることができれば、彼をもっとよく理解できて、より大きな影響を与えられるようになります。

どんなことに影響を受けているかを
知りたければ、直接尋ねましょう

　息子さんは、セックス、恋愛、平等、正義、男らしさ、自分の
アイデンティティについて、どれほど具体的に分かっているで
しょうか？　発達段階に応じたグラフを見たり、年上のきょうだ
いの節目や経験に基づいて推測したりすることもできるでしょう。
あるいは、こうした方法では実際の姿が見えてこないかもしれま
せん。あなたの息子さんがどの位知っているか、それが一番よく
分かっているのは、**彼自身**なのです。興味を持って尋ねてみま
しょう。きっと驚くほど多くのことが分かりますよ。

　子どもはどんなメディアをどれほど使っているのでしょうか？
どんなメッセージによって、彼自身や他者や周囲の世界について
の考え方が形成されているのでしょう？　対話を始めるためのい
くつかのヒントをご紹介しましょう。

- ●「今見たものについて、どう思う？　私は○○だと思うけ
  ど、あなたはどう見る？　なぜそう思うの？」　こう聞く
  と、子どもは始めは気まずさや、批判されているのではな
  いかと感じるかもしれません。大切なのは、見逃そうとせ
  ずに、関心を示すことです。「おや、私がのぞいたら、ア
  プリを閉じたね？　秘密にしたいものがあるの？　それが
  何なのか、教えてくれなくてもいいんだよ。ただ、なぜ秘
  密にしたいのかを知りたいんだ」

- ●「SNSで誰をフォローしたい？　それはなぜ？　その人
  の投稿や動画を見せてくれる？」　興味を示して、好奇心
  を持ちましょう。

- ●「そういう投稿をする人がいるのはなぜだろう？　そん
  な投稿をされた女の子は、どんな気持ちだと思う？」

- 「これは、何についての歌だと思う？　聞いて、どんな気持ちになった？　女性がこんな風に描かれているのは、なぜだろう？　あなたなら、この歌をどう変えたいと思う？」
- 「その歌、いつも歌ってるね。誰の歌？　なぜそのアーティストの歌が好きなの？　YouTubeでおもしろいと思うのはどのチャンネル？　TikTokのインフルエンサーで気に入っているのは誰？　その理由は？」
- 「自分のSNSにどんな投稿をしたい？　友だちにどんなメールを送るの？」

　問い詰めることが目的ではありません。彼がどんな世界にいるのか、それをどう見ているのか、どんなタイプのメッセージを受け取っているのかについて、より明確に理解するために、何気ない会話を始めるのが目的です。私自身について言えば、2歳離れた2人の息子がいますが、彼らの性格や周囲とのかかわり方は、かなり違っています。2人はとても仲が良くて、一緒にネットを見たりしていますが、兄のキャムは「タイラーはTikTokで変なものを見てるよ」と言います。実際そのようです。タイラーは、私から見れば「まるでバカげたこと」を人がしているのを見るのが好きです。タイラーがネットを見ていると、IQがどんどん下がるのではないかと心配です。

　そこでタイラーに尋ねてみるのです。「タイラー、この動画のどこが好きなの？」

　すると彼の答えはたいてい、「おかしいもん」というものです。

　そこでもう少し掘り下げて、聞いてみます。「どこがおかしいの？」

　時には、「そのせいで誰か傷つく人はいないの？」と問いかけることもありますが、ただ彼の話を聞くだけのこともあります。

いつも私から教える必要もありません。私自身はTikTokがとても嫌いですが、タイラーが見ているメディアなので、私自身もTikTokに慣れるか、除外されるかしか、選択肢はありません。

共同でのメディア関与（Joint Media Engagement）

「いかなる種類のメディアであっても、（子どもが）見ているものをチェックしないでいると、私たちは、セクシュアルハラスメントに対して寛容になったり、誤ったレイプ神話を信じたり、性的なリスクを冒したり、多くのセックス相手を持ったり、女性をステレオタイプ化したりすることにつながる」と分かっています[129]。でも正直なところ、自分が一休みしたい時、iPadが子どもを引きつけてくれてありがたいと感じる人は多いでしょう。誰でもそうなのです。テクノロジーは私たちの生活をより簡単に、より便利に、より効率よくするように作られています。子どもはたいてい一人でメディアを見ることができますし、あなたが一休みするのに罪悪感を持つ必要もありません。私が言いたいのはそんなことではありません。時間がある時に、少しでも息子さんと一緒にメディアを見るメリットについてお話ししたいのです。

「joint media engagement」とは、スタンフォード大学、シアトルのワシントン大学、SRIインターナショナルが共同で設立したLIFEセンターが作った言葉です。これは、親子が一緒にメディアを通して、学んだり、見たり、ゲームをしたり、検索したり、読んだり、貢献したり、何かを一緒に作ったりする自発的または意図的な体験を意味しています[130]。一緒に座って息子さんの好きな番組を見れば、そこから彼が受け取るメッセージをフィルタリングしながら、会話をしたり質問に答えたりすることができるようになります。そうすることで、あなたが彼を大切にしていること、彼の興味を知ろうとしていること、そして、あなたにいつでもどんなことでも質問できるということが示せます。

親が子どものテレビ視聴にどれほど介入しているかを評価するスケールが、調査によって開発されています[131]。親の介入のスタイルには、「制限的介入」「社交的共同視聴」「指導的介入」の３つがあります[132]。

制限的介入

　子どもがアクセスできるメディアについて、ルール、内容、頻度に、制限と基準を設けます。息子さんのメディア利用をモニタリングするのは非常に重要です。それは、感情面での成熟を妨げるような内容に彼がいとも簡単にアクセスできるからです。クリックするだけでコンテンツが見られるインターネットブラウザーの代わりに、YouTube Kidsのようなアプリを使って制限するという解決策もあります。

　子どもが小さい場合は、タブレットやテレビやコンピュータにアクセスする時間を制限することもあります。大きい子どもの場合は、子ども部屋ではなく、みんなのいるエリアでアクセスするようにすれば、より監督がゆきとどくでしょう。子どもが大きくなったら、家族それぞれにとって適切なインターネットの使用についてのルールを、子どもと一緒に作りましょう。

社交的共同視聴

　社交的共同視聴とは親と子どもが一緒にメディアを視聴することで、見ている最中に議論する必要はありません。その効果に関するChildren's Television Workshop（現在の名称はセサミ・ワークショップ）の研究によれば、親子が一緒に番組を見ることによって、子どもはより多くのことを学ぶと言います[133]。

　子どもとソファに座って彼が何を見ているかを監視したり、介入したりするのはたやすいことかもしれませんが、子どもがタブレットやノートパソコンを部屋に持ち込むと、それがかなり困難

になります。また携帯電話を持ち歩くようになれば、ますます難しくなります。スクールバスや自分の部屋や車の中のような、以前はメディア視聴とは無縁だった場所であっても、今はこうしたデバイスが使えるようになりました[134]。このような状況では、子どもと物理的に一緒に何かを見ることはできないかもしれません。それでも、子どもが何を見ているかに興味を示し、いつでも話し相手になる用意ができていれば、大きな影響を与えられます。

　コンピュータ、テレビ、その他のメディアを使っている時、親が側にいれば、子どものオンラインの活動について話し合ったり、コメントを解釈したり評価したりする機会が増えるでしょう[135]。今度息子さんがゲームをしていたり、マインクラフトで世界を作っていたり、ソファに座ってタブレットの動画をストリーミングしていたりする時は、少し時間を取って、興味を示しましょう。少しの間、一緒に見ましょう。そうすれば少なくとも、彼がどんなメッセージを耳にしているのか、メッセージを発しているのは誰なのかについて知ることができます。また、彼がどんなものを楽しんでいるのか、彼の人生経験を形成するのに役立つ他の要因についても理解が深まります。

指導的介入

　指導的介入では、「子どもが見ているものについて質問して、コンテンツへの子どもの反応をうかがったり、メディア・リテラシーのスキルのお手本を示したりする」親の努力を重要視します[136]。積極的に子どもと一緒にメディアのコンテンツを利用したり、話し合いを重ねるための役割を親が担うということです。この方法は、家族や個人の価値観を定義したり、それが子どもにとってどんな意味を持つのか、今一緒に見たプログラムが、そうした価値観を強化するものか、あるいはそぐわないものかを話し合うのに最適です。

このように話しかけてみましょう。「私たちは、すべての人が平等であるべきだと信じているよね。このプログラムはその価値観に合っていると思う？　どうしてそう思うの？」　見ている番組を中断して長々話す必要はありません。視聴者は批判精神を持って見るべきだというポイントが伝わるように、プログラムを一時停止するぐらいで良いのです。息子さんが、外の世界と、彼自身の内面や家族の価値観との違いに気づけるように促します。子どもと一緒にメディアを視聴しながら話し合ったり指導したりすることは、彼が一人でメディアを見ている時にも役立つ、内なる声を構築する助けとなるでしょう。

ポルノについて

　性的な発達は、子宮の中にいる時から始まり生涯を通じて続きます。この自然なプロセスに、私たちの社会はうまく対応できていません。好奇心、疑問、自慰行為、探求はどれも、発達プロセスにおいて、健全で正常です。こうしたことについての会話を、あなたが（たとえまだ努力中であっても）オープンであると示す良い機会だと考えてください。あなたを信頼できる正確な情報源だと、息子さんに思ってほしいのです。

　あなたがポルノを健全だと思うか、忌まわしいものだと思うかはさておき、子どもたちがポルノに触れているという事実に変わりはありません。親の知らないところで、インターネットが子どもの性やセクシュアリティの考えを形成するのを許してはいけません。親はポルノについて子どもと話し合う方法を見つけなくてはなりません。批判しようとせずに中立的な姿勢で、ポルノに触れるのがなぜ悪いことだけではないのかちょっと考えてみましょう。

　まず、ポルノは性的な空想を膨らませて、何が自分を興奮させ

るか、興奮させないかを知るために役立ちます。特にゲイポルノは、他の方法では自分のアイデンティティやセクシュアリティに関するメッセージを受け取る機会の少ないゲイの少年の助けになります。あなたの子どもがポルノを見ていたら、どの位の頻度で、どんな目的で見ているか尋ねてみましょう。ポルノが彼自身や他者との健全な関係に役立っているかどうかも聞いてみましょう。彼がポルノを見る理由や頻度をより深く理解するために、関心を示してください。そこから始めましょう。

　ポルノが役立つ場合もありますが、非現実的な性的期待を与えたり、非現実的な愛情や親密さや性的境界線を描いたりしている場合もあります。すべてのポルノが同じというわけではありません。より現実的なものも、非常にファンタジー的なものもあります。しかし話し合わなくては、息子さんには、それが理解できないかもしれないのです。彼が両方について把握できることが重要です。実生活でのセックスはポルノのようなものではないし、そうであるべきでもないことをきちんと伝えてください。

　ポルノには、現実の性的な親密さの基盤となる、真の感情というものが表現されていません。俳優たちは言われたとおりに演じていると、子どもと話し合いましょう。俳優たちは本当であってもウソであっても、楽しんでいるような演技をしなくてはなりません。あなたの息子さんが（あるいはあなたも）ポルノに依存しすぎているかどうかを見極めるには、（自慰行為であっても人との行為であっても）性的な体験をポルノを見なければ楽しめないかどうかが一つの指標となります。ポルノはメインイベントを支える余興でしかないのです。

　男らしさ、平等、ジェンダー問題などの点では、ポルノは女性への暴力を描いていることが非常に多いということも、子どもに説明してください。往々にして、男性は支配的で、女性を攻撃し貶めるような描かれ方がされています。今こそ、前の章で述べた、

191

同意や体の境界線や尊重といったことについて話し合う絶好の
チャンスです。性的行為において、性病予防や避妊具の使用は、
自分にもパートナーにとっても、健全な判断として欠かせないも
のですが、ポルノではこうしたことも描かれていません。

　また、こうしたコンテンツの利用によって、体が発達を遂げる
難しい移行期に、根拠のないネガティブな自己イメージやボディ
イメージを持つことになるかもしれないと、説明するのも良いで
しょう。ポルノ俳優の体は、手術などによって誇張されていて、
そんな体は現実的ではないと説明しましょう。そうすれば、自分
自身や将来のパートナーの外見や行為への期待について、柔軟性
を持てるようになります。

　最終的には、あなたの家族がポルノをどう考えるかによります
が、ここで述べたヒントが、思いやりと信頼感を持って息子さん
と話し合う助けになれば幸いです。

年齢に応じた会話のテーマ

　子どもたちがどの位メディアを使っているか、どれほどの影響
を受けているかが分かったところで、特定の問題への関心を育て
るための実質的な方法を見ていきましょう。男らしさとアイデン
ティティ、平等と正義、セックスと恋愛関係といったことについ
てです。子どもが外からもっと多くの影響を受け、親の目の届か
ないところで時間を過ごすことが多くなる小学生のころが、メ
ディアの使い方について話し合う良い時期と言えます。

男らしさとアイデンティティについて：5 〜 10 歳
● 番組の中で、男の子が、感情を前向きに表している場面を
　指摘しましょう。「映画の中で、男の子が泣いていて、友
　だちがなぐさめていたよね。悲しい気持ちになったり、大

きな感情を持ったりしてもいいんだよ。それを友だちと共
有したのは、とてもいいことだね」

●男らしさについてメディアからどんな情報を得たか、そし
てどう思ったか尋ねてみましょう。「この番組は、男の子
であることについて、どう伝えようとしている？　それを
見て、男の子はどんな風に行動すべきだと思う？　それに
ついて、どんなところが好きで、どんなところが嫌いだと
思う？」

平等と正義について：5 ～ 10 歳

●番組の中で、ジェンダーが規範的ではない描かれ方をして
いるところを指摘しましょう。「『ドック・マックスタッ
フィン』（訳注：子ども向けのアニメ番組）の主人公のお母
さんは家族を支えるためにお医者さんとしてフルタイムで働
いて、お父さんが家で子どもの世話をしているね」

●男の子と女の子が同じように評価されている箇所を強調し
ましょう。「『オッド・スクワッド』（訳注：子ども向けの探
偵TV番組）のオットーとオリーブは対等なパートナーで、
お互いを頼って事件を解決しているようだね」

●番組の中で、人の外見ではなく、その人のしていることに
焦点が当てられている箇所に気づきましょう。「『プロジェ
クトMc^2』（4人の理系女子が主人公の番組）の女の子たちは、
数学や科学が得意だね。女の子の外見に焦点が当てられて
いないのは、素晴らしいことだと思うよ」

性と人間関係：5 ～ 10 歳

●「カールじいさんの空飛ぶ家」のような子ども向けの映画
を一緒に見ながら、出てくる人間関係について話し合いま
しょう。「カールとエリーは、人生のいい時も悪い時も、

お互いを支え合うチームだって気づいた？　何が２人を
いいチームにしているのだろう？　どんなことに気がつい
た？」
● 番組の中で、登場人物が進んで妥協したり、自分のまちが
いを認めたりしている箇所を指摘しましょう。「どうやっ
て、健全な方法で謝ったり、問題を解決したりできている
だろう？　どんな対応が不健全だと思う？」

男らしさとアイデンティティについて：11 ～ 13 歳

● 批判的思考をするように促しましょう。メディアで、何か
気にかかることが出てきたら、自由に答えられるような質
問をして、大切な問題についてより深く考えさせるきっか
けにしましょう。「何か気になったことはない？　どう
思った？」
● 美しさや体形の基準が非現実的に描かれていたら、指摘し
ましょう。テレビに登場する男女のイメージと、実際の生
活で知っている人たちのイメージとを比べてみましょう。
「どう違うと思う？　魅力の基準は男女で違うと思う？
なぜそう思うの？　それについて、どのように感じる？」
● ジェンダーがステレオタイプ化されていないキャラクター
に気づいたら、時間をかけて子どもと話し合いましょう。
「このキャラクターが、ジェンダーのステレオタイプを拒
否していることが、どんな性格や行動に表れていると思
う？　ジェンダー・ステレオタイプに立ち向かう登場人物
を見て、どう感じる？　そういうキャラクターの存在が必
要だと思う？　それとも、混乱を招くと思う？」
● 映画を選びながら考えさせましょう。なぜ私たちの社会に
は、女の子が「男の映画」を見てもいいのに、男の子は
「女の映画」を見ないという考えが蔓延しているのでしょ

うか？「女性向けの映画と、男性向けの映画の違いは何だ
ろう？　男の子は女の子の映画を見てはいけないと思う？
それはなぜ？」

● 周囲からのプレッシャーに屈せずに、自分自身のアイデン
ティティを形成していく男の子の例を見せましょう。「『リ
トル・ダンサー』（訳注：主人公の少年がバレエに興味を持つ
イギリス映画）のキャラクターは、なぜ社会の期待に反し
たことをするのだろう？　それが彼や彼の幸せをどのよう
に形成したと思う？　あなたにも、周囲の期待に逆らって、
自分の価値観のために、何かをしなくてはならなかったこ
とはない？　その時どんな気持ちだった？」

平等と正義について：11 ～ 13 歳

● 男女間の力関係を観察させましょう。「物語は誰の視点で
作られていると思う？　このシーンで、力を持っているの
は誰？　支配しているのは誰だろう？」「SNSで男の子と
交流するのと、女の子と交流するのとでは、ルールが違
う？」

● クリエイター（映画製作者、物語の作者、アーティスト）が、
男女のキャラクターの特徴、価値観、行動、外見をどのよ
うに表現しているか観察させましょう。「このミュージッ
クビデオは男女の役割についてどんなことを表しているだ
ろう？　どんな言葉が、女性について使われている？　ど
うして女性のキャラクターはそんな服を着ているのだろ
う？」

● メディアに登場する男女の比率について尋ねましょう。
「メディアに登場する、お手本になるような強い女性の名
前を挙げてみよう」「このゲームには何人の女性キャラク
ターが出てくる？　ゲームの中のあなたのキャラクターは、

女性キャラクターと意味のある交流をしてるかな？」

● 息子さん自身の価値観に沿って、何か変えたいことはない
か尋ねましょう。「SNSで自分をどのように表している
の？　歌を作るとしたら、自分にとって大切な女性をどん
な風に描く？　男性や女性やジェンダーの表現について、
どう変えたいと思う？」

● 広告の「ゲーム」に気づかせましょう。商品を売るために
ジェンダーや人種や外見がどのように扱われているか、そ
してそれによって、自分や他者の見方が歪められてしまう
かもしれないことにも気づかせましょう。「この広告は、
何を売ろうとしているのだろう？　何を信じさせたいのだ
ろう？　どんな視聴者をターゲットにしているのだろう？
それはなぜだと思う？」

性と人間関係について：11 〜 13 歳

● 彼の性への好奇心を利用して、どんな質問にも答える努力
をしましょう。10 代はじめの息子さんが詳しく知りたい
ことがあれば、年齢に相応しい情報を探す手助けをしてく
ださい。

● ニュースで取り上げられる問題について、その背景や見方
を教えましょう。メディアの非現実的な表現と、現実の人
間関係の違いについても理解させましょう。「番組に出て
くる女の子は、いつもボーイフレンドの言うことに賛成し
ているようだね。でも人間関係の多くは、そうではないん
だよ。健全な関係はギブアンドテイクや妥協の上に成り
立っているし、双方が自分の考えを言うべきだよ。私の経
験から言えば、意見が違っていてもお互いの考えを尊重で
きる関係の方がずっとおもしろいよ」

● ポルノについて話し合う良い時期でもあります。ポルノの

恋愛関係やセックスの描写が非現実的であることや、息子さんのポルノ視聴の頻度、興味、反応などについても理解しましょう。「ネットを見ている時に、ポルノやセックスや裸の人が出てくることはない？　多くの子どもは、そういうつもりでなくても、こうしたものを見てしまうよね。どんなものを見たの？　どんな気持ちがした？　質問はない？　見たものに戸惑う子どもはとても多いと思うよ。話してみようよ。どんな質問でもいいよ」

● ネット上のいじめについて話しましょう。どんな風でしたか？　それはどんな気持ちにさせるでしょうか？　息子さんが、安全にできることは何でしょう？　こんな風に話してみましょう。「知らない人たちとよくオンラインでゲームをしてるよね。それにはいい面もたくさんあるけど、危険もあるかもしれないね。時々、誰かが意地悪をしたり、人を傷つけるようなことをしたりする。それが友だちや知り合いや知らない人の場合もあるだろう。そんなことが起きたことはない？　知り合いの人はどう？　もしそんなことが起きたら、私に話してほしい。絶対に叱らないよ。ちゃんと対処できるよう助けられるよ」

男らしさとアイデンティティについて：14歳〜

● メディアの例を使って、様々な男らしさの定義を示しましょう。「This is Us」というアメリカのテレビドラマには、子育てをする思慮深い父親たちが出てきます。出演者の男の子や大人の男性が、積極的に感情を表したり、多様な興味を見せたり、クィアの登場人物に思いやりを示したりする場面を指摘しましょう。「あの男性いいね。気まずくても自分の気持ちに正直に話しているからね。感情を表したらだめだと思う男性が多いけど、私は感情を表す人、

特にそれができる男性が好きだよ。それは強さの表れだと
思うよ」

●いつでも、セクシュアル・アイデンティティの健全な構築
について話し合いができるようにしましょう。「理想的な
世界なら、恋愛やセックス面で、周囲からどう思われた
い？　多くの人とセックスをする男だと思われたい？　そ
れとも恋愛関係を持続させる人だと思われたい？　他にも
ある？　どれが正しいということはないんだよ」

●息子さんが好きなメディア上のヒーローがいれば、その人
の男らしさが、彼にとってどのような意味を持つのか、話
し合ってみましょう。その人の価値観は何でしょう？　ど
んな人で、何を目指しているのでしょう？　それは、息子
さんのSNS上での自分の表し方や、友だちの投稿への反
応と異なっていますか？「そのユーチューバーのどこが好
きなの？　その人にとって、男性であることの意味は何だ
と思う？　それが彼の行動に影響していると思う？　その
人は、男性だからという理由で何かをすることがあると思
う？　それはどんなことだろう？　その人のYouTube上
での行動は、現実の彼の行動とは違うだろうか？　どんな
風に違うと思う？」

●SNSによって自分がどんな気持ちになるか、話し合って
みましょう。SNSが有益な場合と、有害な場合に気づく
ように教えましょう。外の世界からのコメントによって引
き起こされる感情をうまくコントロールできるように手助
けしましょう。「SNSをしたあと、どんな気持ちになる？
大体いい気分？　いやな気分になることもある？　どうし
て？　なぜそんな気持ちになるんだろう？　他の子たちも
同じように感じているかな？」

平等と正義について：14歳～

10代の息子さんが、自分の声を見つけたり、日常生活の中の
ジェンダー・ステレオタイプや不平等について問題提起したり変
化を起こしたりする方法を見つけたりするサポートをしましょう。
本や映画や歌やSNSの投稿などを、どうすれば、もっとインク
ルーシブで公平にできるか聞いてみましょう。「魔法の杖を使っ
て、世界をみんなにとってより平等にできるとしたら、どうす
る？　世界を良くするために、私たちが、今日や今週にできるこ
とは何だろう？」

● メディアで見たものを彼の日常生活に結びつけて、今まで、
　それと似たようなステレオタイプの経験がなかったか、尋
　ねてみましょう。その時、どんな気持ちがしたでしょう
　か？　どう反応すれば良かったと思っているでしょうか？
　「○○さんが、○○だったことによって判断されたりステ
　レオタイプ化されたりしたようだね。あなたはどう思う？
　同じようなことがあなたにも起こったことはない？」

● ニュースや映画や本やラジオで見聞きした難しい問題につ
　いて、その複雑さを考えるよう促しましょう。「ジェン
　ダーの不平等を助長する力は何だと思う？　女性が男性と
　同じ給料を得るために、変えなくてはならない重要なポイ
　ントは何だろう？　職場内外に平等をもたらすために、あ
　なたは、今、そして将来どんな役割を果たせるだろう？」

セックスと恋愛関係について：14歳～

● メディアの中で、理想化された恋愛ではなく、真の恋愛を
　表している場面を指摘しましょう。パートナーが信頼し合
　える基盤を作るために、どんなことをしているかに焦点を
　当てましょう。「パパと私は、時々意見が合わなくて口論

することもあるけど、番組のカップルのように愛し合って
いるし、たとえその時はすごく腹が立っても、必ず後から
話し合えるよ。そのことにとても感謝しているよ。パパも
私を愛しているし、それは私にとって、とても重要なこと
なの」

● セクスティングについて話し合いましょう。批判するので
はなく、冷静に話しましょう。インターネットの危険性に
ついてや、ネット上の人は自称どおりではないことについ
ても、実際的な警告を与えましょう。どんな写真もメッ
セージも、一度送信したら元には戻せないこと、受け取っ
た相手がそれをどうするかも分からないということも強調
しましょう。「セクスティングって何か知ってる？　ネッ
トやメールで性的なメッセージをやりとりすることだよ。
子どもは、おもしろいとかセクシーとかと思ってやること
があるけど、誤ってトラブルになる場合があるんだよ。
いったん送った画像は誰が見るか分からないし、どこに送
信されるかコントロールすることもできないんだ。実際に
法に触れる場合もあるよ。アメリカの州の中には、10代
がセクスティングで露骨な画像をやりとりするのを法律で
禁止しているところもたくさんあるんだ」

● コミュニケーションの窓口をいつも開放しておきましょう。
大小にかかわらず、どんな質問をしてもいいと知らせてお
きましょう。「分かりにくいことが多いよね。あなたが理解
できるように、私はいつでも助ける準備ができているよ」

フェミニストの心得

　刻々と変化する現代において、メディアが子どもの生活にどんな役割を果たしているかを認識し、それについて話し合う方法を学ぶことが、これまで以上に重要になっています。最終的に忘れてならないのは「メディアは変化を起こす道具にもなり得るし、現状を維持し、社会の意見を映し出すこともできる。そして願わくば、人々の目を覚まして考え方を変えることもできる。それもこれも、メディアという飛行機を操縦する人次第だ」(137)ということなのです。自分が何を見たり聞いたりしているかを認識し、それが作り出す問題に気づき、すべての人にとってより良い未来を作るための様々な方法を見つけようと、男の子を勇気づけようではありませんか。

第7章
男の子の世界観を広げて
共感を育てましょう

ほとんどの男の子には、**共感**する能力が自然に備わっています。共感とは、他者の気持ちを理解し共有する能力です。共感とは感じること、助けること、そして疎外された人の気持ちに注意を払うことです。人は自然に、自分と自分に近い人とを結びつけて共感するようにできています[138]。他人を知ることで、その人が自分の一部となり、その人が感じていることを実際に感じるようになります。男の子は、友だちのグループや家族といった身近な人たちにたやすく共感できます。息子さんの親しいグループについて考えてみましょう。そこに含まれているのは誰ですか？　含まれていないのは誰でしょう？　どこに、なぜ、線が引かれているのでしょう？

　このような質問をすることは非常に大切です。なぜなら、彼のすぐ身近な輪の外にいる人たちにまで、共感の気持ちを広げる必要があるからです。自分と違う人、意識の中に浮かんだり消えたりする人、決して会うことのない人たちにさえにも共感できるようになってほしいのです。

　共感は、感情知能を高め、友情を向上させ、正義感を育てることによって、社会を変えるのに役立ちます。あなたは息子さんに将来どんな男性になってほしいと望んでいますか？　パートナーと素晴らしい関係を築き、仕事でも成功を収められる、勤勉で献身的な人をおそらく思い浮かべるでしょう。ハーバード・ビジネス・レビューが最近150人のCEOに行った調査では、回答者の80％が、共感が成功のカギだと述べています[139]。共感は、なくてはならないジョブスキルになりつつあります。

　この章で、重要だとは分かっていても、大きすぎて曖昧だと思う概念を細かく分けて見ていきましょう。共感力を育てるのは息子さんにとって重要です。共感によって、私たちの文化の感情についての風潮を、次世代のために変えることができるのです。

共感力を高めましょう

　共感とは単に良い個性のように思えるかもしれませんが、これこそがフェミニスト男子を育てる最重要なツールの一つであり、第 3 章で述べたように、高い感情知能のカギとなるものです。共感力は学習することができる、生涯を通じて有益なスキルです。高い適応力、良い人間関係にもつながり、さらには就職にも有利になります(140)。共感力は主に感情的なスキルです。自分を振り返り、自分の感情を認識しなくてはなりません。

　共感と同情の違いは視点の違いです。たとえば、母親を亡くして悲しむ友人がいれば**同情**し、彼女のことを心配し、彼女の状況に心を打たれ、早く元気になってほしいと願うでしょう。あるいは、彼女に**共感**することもできます。それは、彼女が今体験していることを想像し、彼女の視点を共有することです。「彼女の靴を履いてみる」ことです。男の子たちに教えたいのは、このスキルなのです。

　共感力は、「たくさんある」とか「あまりない」とかと、計れるもののように語られることがよくあります。それも本当ですが、それだけではありません。共感力をたくさん持つのは良いことですが、何よりも重要なのは、誰に対する共感かということなのです。共感力がとても高くても、自分と同じような外見や行動をする人にしか共感しない人もいるでしょう。自分と似た経験をする人を理解し、気持ちを共有するのは容易ですから、それは自然なことですし、必ずしもネガティブなことではありません。

　少年たちは、自分たちの特権的な立場が日々の生活に与えている影響を見失いがちです。あなたの息子さんは、バスケットボールチームに入れなかった友だちに自然と共感を覚えるかもしれません。彼自身にも似た経験があるため、友だちの気持ちを想像することができるのです。でも、走っている時に口笛を吹かれてか

らかわれた女子の動揺を想像するのは、もっと困難かもしれません。あるいは、「おかまっぽい〜」とか「ホモか！」といった言い方が、なぜ人を、特にLGBTQI+コミュニティの人たちを傷つける有害な言葉なのかも、なかなか想像できないかもしれません。仲間うちの「ジョーク」がなぜマイノリティグループの人たちにとって不愉快なのかを想像するのも困難かもしれません。それって、ただのジョーク？　いいえ、そうではありません。

　こうした例は、自分の体験にどれほど近いかによって、共感のレベルが異なることを示しています。本書のはじめに述べたように、私たちの世界観は、私たち自身の暗示的、あるいは明示的偏見によって形成されていますが、それは努力して変えることができるのです。自分を振り返り、自己認識することで、自分のメンタル・モデルを変え、関心の輪を広げていくことができます。そして自分と体験を共有している人かどうかにかかわりなく、「他者の靴を履いてみる」ことができるようになるのです。

共感力とフェミニズムの関係

　共感力のある男の子とは、たとえば、ランチタイムに一人ぼっちの女の子の隣に座る小学生や、サッカーチームに入りたい女子を応援する中学生や、女性保護施設でボランティアをする高校生です。家庭では、共感力はもっと目立たない表れ方をします。

　息子たちが成長するにつれて、彼らの共感が私に向けられているのを感じるようになりました。ここ数年、彼らは私が仕事で忙しい時や、彼らの世話をしている時に気づくようになりました。キャムは、デザートの最後の一切れを（自分が食べたいはずなのに）私に勧めてくれることがあります。タイラーは私のランチを作ってくれようとします（少なくとも努力してくれます）。深い共感力とは、誰かのために、自分の欲しいものを見送ることです。その行

動自体よりも、その背後の気持ちが重要なのです。息子たちは、自分以外の人——私——に気づいて、私の人生をほんの少しでも楽にしてくれようとしたのです。ですから、彼らが払った犠牲に気づき、示してくれた思いやりを褒めなくてはなりませんね。

　あなたの息子さんは、サッカーチームでただ一人の女子の気持ちは、おそらく理解できないでしょう。それでいいのです。それがどういうことなのかを想像しようとすることが重要なのです。想像してみてどんな気持ちが起きるでしょうか？　もし彼が、その女子の立場だったら、他の人たちにどう接してほしいでしょうか？　「自分がそうしてほしいように、人に接するべき」とよく言われますが、それだけではなく、実際に相手の視点を想像するという要素も必要なのです。

　重要なのは、あなたの息子さんが、女性や、自分と年齢や人種の異なる人たち、また経済や文化や宗教の背景の違う人たちと、あまり時間を過ごしたことがなければ、そうした人たちの視点を想像するのは難しいかもしれないということです。第３章で述べたように、周縁化された集団が制度から受ける実体験に共感することが、真のアライになるために必要なのです。フェミニスト男子になるプロセスとして共感力をつけてほしいのです。ここからは家庭で共感力を育むプランを立てていきましょう。

関心の輪を広げましょう

　あなたが大切にしている人たちについて少し考えてみましょう。外側に広がるいくつもの輪の中心に自分の姿を描きましょう。あなたのすぐ外の輪は家族、２つ目の輪は親しい友人、３つ目の輪には、それほど親しくない友人がいるかもしれません。一番自分に近い輪の人のことしか気にかけられない日もあるでしょう。でも、コミュニティや、国や、世界全体に心を向けられる日もある

かもしれません。大人のあなたは、状況に従って、自分の関心の輪を広げることができますが、そのスキルは時間と練習によって培われたものです。

　今度は、息子さんを輪の中心に置いてみましょう。彼の関心事はどこでしょうか？　先に述べたように、家族や友人や自分のスポーツチームといった、最も内側の輪にいる人たちに共感するのはたやすいことです。一歩退いて考えてみましょう。彼の輪にいる人たちは、どういう風な見た目ですか？　みんな同じような人ですか？　男の子ばかりでしょうか？　判断するのではなく、まずは気づいてください。

新しい経験を通して関心の輪を広げましょう

　男の子が、普段から同じ人たちと繰り返し交流していると、自然とその人たちを気にかけたり、共感を抱いたりするようになります。それは悪いことではありませんが、息子さんの世界を広げることで、本能的な共感力がより広がります。仲のいい友だちの輪に、もっと多様な人たちがいれば、自分と違う人たちへの共感力が自然と高まります。

　周りを見回してみましょう。ダンスクラスに、男の子が何人いるでしょう？　アート部や演劇部はどうでしょう？　ジェンダーに関係のないものや、女性向きだとされるような趣味を試すよう息子さんに勧めてみましょう。アートや体操クラスが好きになるかもしれないし、こうしたアクティビティを通して、女性の声に触れることができるかもしれません。また様々な遊び方や、在り方にも触れることができるでしょう。うちの息子たちは料理が大好きです。一緒にレシピを探したり、買い物に行ったり、何時間も料理をしたりします。歴史的により女性的だとされるアクティビティに参加するだけでなく、人のために努力と時間とコストをかけて料理をすることを評価できるようになります。共感力が育

つのです。

　新しい経験を通じて男の子の関心の輪を広げるアイディアをご
紹介しましょう。

- 女の子をガールフレンドや恋愛対象としてではなく、友だ
ちとして見られるように、男女が交ざったプレイグループ
を作りましょう。
- スポーツを男女の区別をせずに考えましょう。スポーツは
男の子の必須活動などではありません。チームワーク、コ
ミュニケーション、問題解決を教える素晴らしいツールに
もなり得るのです。子どもたちが活発に運動したり友だち
を作る楽しい方法でもあります。とは言え、もしあなたの
息子さんが正当な理由でスポーツが嫌いなら、他のチョイ
スを検討すれば良いのです。
- カヤック、クロスカントリーランニング、スキー、サー
フィン、ロッククライミングのようなジェンダーを問わな
いアクティビティを勧めてみましょう。大自然のような、
ジェンダーにとらわれない環境に身を置くのもいいでしょ
う。自然の中で時間を過ごすのは、男女が共に探検する良
い方法です。男女混合のアクティビティに参加することで、
新しいタイプの人たちと触れ合うことができます。また、
荒々しい遊びのような典型的な男らしさとは違う存在の仕
方も知ることができるでしょう。

自分の輪の外の人たちに気づかせましょう

　特権、すなわち努力せずに得られる資源へアクセスできること
の副作用として、特権の外にいる人たちを認識できなくなること
があります。子どもの交友関係や、自分と同じ特権の範疇の外に
いる人たちに気づくよう教えましょう（第 4 章の特権評価を思い出

してください)。以下は気づきに導くヒントです。

- 学校で普段一緒に遊ばない子や、寂しそうな子がいないか聞いてみましょう。「一人でいることが多いのは誰？　クラスに、友だちが欲しそうな子はいない？」
- 16歳になって（訳注：アメリカでは16歳で運転免許が取れます）運転免許と車が持てると喜んでいたら、ちょっと立ち止まって、その特権について考えさせましょう。車を手に入れられないのは誰でしょう？　車を運転できないと、その人の人生にどんな影響が出るでしょうか？
- 仲のいい友だちの名前を挙げさせ、その輪に新しい人を加えることについて、彼の考えを聞いてみましょう。なぜそう思うか尋ねましょう。誰を入れるかを決める判断基準は何ですか？　グループに入れてもらえないのは誰でしょう？

ズームイン、ズームアウト

　ハーバード大学の「Making Caring Common Initiative」は、子どもたちにズームインとズームアウトを教えることを提唱しています[(141)]。これは、一人の人だけに目を向けるのが適切な時もあるし、多くの視点や多くの人たちに目を向けるべき時もあると、子どもに教えることです。ズームインとズームアウトは流動的です。自分の内面の羅針盤に目を向けて、今、一人の友だちを助けるべきか、より大きなスケールの問題に取り組むべきかを検証するのです。

　彼の人生において、一人の友だちを助けることに集中しなくてはならない時もあれば、地域社会の団体でボランティア活動をして、地域社会に影響を与えているより制度的な問題に取り組むべき時もあるでしょう。そこには正解も不正解もありません。でも、

彼が好奇心を持って、こうした考えにアンテナを向けられれば、
自己と他者への共感と認識を深めることができます。

- スクリーンを閉じて、家族や友だちとの会話に100%参加
  するよう促しましょう。相手がサポートや励ましを必要と
  している時は特にそうです。
- 社会問題について人と話し合うよう勧めましょう。
- 家族みんなで、人を支援するために何かをしましょう。炊
  き出しに参加したり、高齢者の買い物の手伝いをしたり、
  お小遣いの一部を貯めて、一緒に寄付をするのもいいで
  しょう。
- 自分や友だちやグループの感情の温度を把握できるように
  手助けしましょう。それが正確に評価できるようになれば、
  ズームインして一人の友だちと一対一で過ごすべき時か、
  ズームアウトしてグループで過ごすべきかの判断がしやす
  くなります。
- 関心のある大きな問題について、ニュースサイトの編集者
  に手紙を書いて意見を述べるように勧めてみましょう。
- 仲間の生徒の声を聞いてもらうために、生徒会に立候補す
  るよう促しましょう。

子どもが違和感を抱いたら、オープンに率直に話しましょう

　彼が自分と違う人たちに接した時、あなたにとって気まずい困
惑するような疑問を抱くことがあるかもしれません。「あの人は
どうしてあんな見た目なの？」「彼女はなぜ松葉杖を使っている
の？」「どうしてあんな変な服を着てるの？」
　こうした疑問は違いに対する自然な反応ですが、親のあなたに
とって、共感のお手本を示す絶好のチャンスでもあります。今朝、
私の息子が、TikTokに出ている障害のありそうな肥満体の黒人

女性を指さして、こんなことを言いました。「お前、この人みたいだなってタイラーがイブに言ってたよ」。私は真っ先に「それは感じ悪いよね」と言いたくなり（実際にそう言いました）、それからこう付け加えました。「そんな批判をされた女性は、どんな気持ちになると思う？　もしあなたが彼女なら、どう？」

　私は子どもを叱るのではなく、好奇心を保ち続けて批判的にならないよう努力しました。こうした日常の些細なことがらについて、子どもに挑戦し続けなくてはならないのです。このような質問を遮断してはいけません。好奇心を持つことはもっともだし良いことなのですから。彼の好奇心を利用して、違いがあるのは当たり前だと説明し、たとえその場にいない人であっても、自分と違う人の感情に気持ちをリンクさせるよう促しましょう。

We-nessを取り入れましょう

　「me」ではなく「we」と考えるようにしましょう。これはアメリカ的な概念ではありません。私たちは、自分を優先し、独立性と自主性を重んじる文化に慣れ親しんできたので、なかなか共感できないかもしれません。実際に、ミシガン大学の研究によって明らかになったのは、今日のアメリカの大学生のおよそ40％が、30年前より共感力が劣っているということです[142]。「me」はアメリカが抱える問題です。親の役割は、このサイクルを断ち切ることです。共感力のある男の子を育てることによって、私たちは「we」を大切にする新しい世代の男性を作ることができるのです。

Hygge（フーガー）のお勧め

　フーガーとは、デンマーク語で「居心地のいい一体感」という意味です。家族や友だちとくつろいだ時間を過ごすということですが、一番大切なのは一体感があることです。私にとってのフー

ガーな時間は、暖炉の前で家族とボードゲームをしている時で、みんなパジャマ姿で、ゆったりした音楽が流れています。スマホのスクリーンもドラマもありません。ステキな時間ですが、いつもできるとは限りません。でも目標にしたいのです。

　お互いを受け入れ、感情を養う、心地よく安全な空間を作る時間を確保する努力をしましょう。ジェシカ・ジョエル＝アレキサンダーの著書『The Danish Way of Parenting（邦訳：デンマークの親は子どもを褒めない）』の「フーガーの誓い」からいくつか、その方法を紹介しましょう(143)。

- 携帯やその他の端末機器の電源を切りましょう。
- もめごとを持ち込まないようにしましょう。
- 不必要な文句は言わないように。
- 一人の人にすべての仕事を押しつけないように、助けられる時間を見つけましょう。
- 室内ならキャンドルを灯しましょう。
- 食事や飲み物を意識して楽しみましょう。
- 政治のような議論を招く話題を持ち出さないこと。それは別の機会にしましょう。
- 過去にあった、お互いの楽しい思い出や、ステキな話や、元気の出る話をしましょう。
- 自慢話はしすぎないように。対立的な雰囲気を作るかもしれません。
- 競争しようとしないこと。「me」ではなく「we」と考えましょう。
- 人の悪口を言ったり、ネガティブなことを言わないように。
- みんなでゲームをしましょう。
- 自分を愛してくれる周りの人たちに感謝の気持ちを持つよう、意識的に努力しましょう。

「we」という言葉を使いましょう

集団主義的に考え、聞くことを優先させましょう。これは「me」ではなく「we」を優先させるという意味です。個人ではなく、集団にとって何がベストなのかを考えましょう。親のあなたも心がけていると話し、そうすることでみんなが良い気分になるということを、はっきり教えましょう。まず家族の中で始めるのが最も簡単でしょう。自分たちを一つのまとまったグループとして見なしたり話したりすることで、愛情、一体感、帰属感が育ちます。このように感じる時、人は最高の自分を発揮できます。

家庭内で「we」の考え方をするヒントを紹介しましょう。

- 考えましょう──「これを言ったら、グループは前進するだろうか、あるいは後退するだろうか?」──この考え方を息子さんに言葉にして伝えましょう。もし彼が家族の誰かに不親切なことを言ったら、それが家族というユニットにどんな影響を与えると思うか、聞いてみましょう。
- 家の用事の責任を共同で担いましょう。全員が貢献し、全員のためになるように。「今夜は家族で夕食を作るよ。あなたがテーブルをセットする役割をしてくれれば、みんなが助かるよ」
- 家族のアクティビティについて尋ねて意見を聞きましょう。「みんなが楽しめるアクティビティは何だろう?」

「we」とはチームだと強調しましょう。スポーツやゲームが好きな息子さんなら、負けたあとに、責任のなすり合いをするのを聞いたことがあるかもしれませんね。「○○君が最後に失敗しなければ勝てたのに!」このように、誰かを名指しで非難するのを耳にしたら、チームの集合的な行動を思い出させて、彼を「we」へと引き戻してください。「試合はみんなの行動の結果だよ。一

人の行動に焦点を合わせがちだけど、全員が貢献したり、貢献できなかったりした小さなことが、無数にあるはずだよ。あなたたちはみんな一緒に同じゴールを目指しているんでしょう？」のように。

「we」が「me」にならないことが、関心の輪を広げるということなのです。息子さんが自分と違う人たちとも「we」の感覚を築けるように、多様性のあるグループに参加できるところを見つけましょう。はじめは居心地が悪くて、慣れるまで時間がかかるかもしれません。最近、私の息子が男女混合のサッカーチームでプレイするようになりましたが、こんなことを言いました。「サラは女の子だから、ぼくのチームには入れないよ！」

これはわりと多く見られる反応です。社会が私の息子に、そしてあなたの息子さんたちにも、理由が何であれ、男女は別のチームでプレイしなくてはならないと教えてきたからです。この分断の習慣を忘れさせるのが、親である私たちの仕事です。

優れた女性の例を男の子に示しましょう。メーガン・ラピノー率いるUSA女子サッカーチームのビデオを息子に見せたとたん、彼はもう女の子が自分のチームに入ることに何の抵抗も持たなくなりました。チームに優れた女子プレイヤーがいることは、みんなのパフォーマンスを向上させるのです。次のようにより深く話し合ってみましょう。

- 「なぜ女の子をチームや遊びのグループや仲間に入れたくないの？」
- 「女の子が入ったら、すごく変だと思う？」
- 「女の子が仲間に受け入れられたと感じるために、どうすればいい？」

共感の模範を示しましょう

親は子どもにとって、最初で最高のお手本です。好むと好まざるとにかかわらず、子どもはあなたから、考え方や物の見方や行動の仕方を学ぼうとします。いつもあなたの言うことに耳をすましています。次のような方法で共感のお手本を示しましょう。

すべてのジェンダーに平等に共感を示しましょう

子どもは自分に向けられた行動を反映し内面化します。両親からあまり共感してもらえなかった男の子は、感情を抑えなくてはならないと思い込みます。ストイックでタフになろうとするのです。

エモリー大学の研究によれば、娘を持つ父親の方が、子どもとより注意深くかかわり、よく歌い、悲しさを表す言葉をよく使うと言います。一方、息子を持つ父親は、もっと荒っぽい遊びをし、「勝利」や「誇り」のような達成感を表す言葉をよく使うことが分かっています[(144)]。

子どものジェンダーによって育て方が異なると分かったところで、こんなことを考えてみましょう。あなたは、女性が泣いている時と男性が泣いている時とでは、それぞれどんな反応をしますか？　伝統的には、女性が泣いていると、大人や友だちが言葉をかけたり、安心させるように触れたりしてなぐさめます。一方、泣いている男性は、「我慢しろ、乗り越えろ」と言われるでしょう。私たちの文化は、男性が感情を表すのを繰り返し封じ込めてきました。そしてそれは、他者の感情への反応も遮断してしまうことなのです。

息子さんが泣いていて、大丈夫ではないかもしれないのに、「大丈夫だよ」などと言うのは避けましょう。彼の感情の合図を待ちましょう。必要なことを話してくれるまで黙って抱きしめるだけでいい場合もあります。あるいは、落ち着いてから尋ねてみ

ましょう。

　自分の感情を受け入れるように教えましょう。すると、他人の感情も認めてサポートできるようになります。息子さんの気持ちを支えましょう。男の子がむやみにタフで強いというステレオタイプは要注意です。男の子にも、あなたの共感が必要なのですから！

彼の感情を認めて、その感情を言葉で表しましょう

　普段男の子が動揺したり怒ったりしていると、私たちはすぐさま解決したくなります。それは親として共感力を高めてきて、子どもが自分の存在の一部となっているため、苦しんでいるのを（あるいは大声で騒いだりうるさくしているのを）見ると、自分もつらくなるからです。子どもが泣き叫んでいたり不機嫌だと、アメやiPhoneでなだめようとします。しかし、不快な感情の経験も、子どもにとって対処法を学ぶべき人生の一部なのです。

　今度、子どもが興奮していたら、その感情を言葉に表して、正当なものとして受け止めてあげてください。「あと５分ゲームをしていたかったから、悲しいんだね。iPadを片付けなくてはならないのは、すごくつらいよね」。こうして彼の気持ちを正当化することは、他の人がつらい気持ちでいる時にどう言えばいいか、そのお手本を示すことにもなります。

他者の感情について話しましょう

　他の人の気持ちについて子どもと話すことは、共感の手軽な予行練習になります。はじめは少し変な感じがするかもしれませんが、何歳の子どもにとっても役に立つ方法です。幼い少年なら、本やテレビのキャラクターの気持ちを、簡単に尋ねてみましょう。「その女の子は楽しそう？　それとも悲しいのかな？　どんな気持ちだと思う？　もし○○だったら、あなたはどう感じる？」

少し大きくなったら、会話の性質は同じでも、レベルを上げていきましょう。「今友だちがとても大変な思いをしているんだね。きっとすごく参っているんじゃない？」こうして他の人の感情について話すためには、自分を見つめ直したり、別の視点で考えたりすることが必要になります。オープンに話し合うことで、様々な感情を正常なものと見なせるようになります。

奉仕活動をしましょう

私の家族は毎年秋になると、「ベスト・バディーズ・フレンドシップ・ウォーク」というチャリティ・ウォークに参加して寄付を募ります。私の大好きな家族のアクティビティです。私には、障害のあるきょうだいとダウン症の姪がいるので、このイベントに個人的に強いつながりを感じています。友人や親戚に寄付を募り、Tシャツを作って、最後にはみんなで一緒に歩きます。うちの子どもたちがはじめて走った5キロマラソンもこのイベントでした。読者の皆さんに褒めてほしくてこんな話をしているのではありません。たとえ自分たちとは直接関係のない人のためであっても、家族としてサポートするのは、とてもいい気持ちだとお伝えしたいからなのです。理屈抜きに良い気分になれるし、ウォーキング・イベントは陽気でエネルギーに満ちています。それに、自分を超えて何かをする気持ちの良さを子どもたちに伝えることができます。

息子さんが気づいているかどうかは別として、あなたは家族やコミュニティのために、すでに多くのことをして人を助けています。他人への思いやりを育てる良い方法は、あなたの行っていることに子どもを参加させることです。コミュニティのボランティアでも、家族同士の助け合いでもいいのです。

たとえば、家族の誰かがいやなことがあってつらそうな時は、息子さんにこう尋ねてみましょう。「妹／お兄ちゃん／お父さん

の気分が良くなるように、何をしてあげたらいいと思う？」「あなたにいやなことがあったら、どんなことをしてほしい？」思いやりと共感を持って家族を助ける方法をいくつも考えるよう励ましましょう。

　地域社会の奉仕活動に息子さんと一緒に出かけましょう。地域の教会、フードバンク、シェルター、学校などでは一年中、ボランティアを必要としています。彼はきっと、地域社会の奉仕活動をあなたと一緒にするのを楽しんでくれるでしょう。そして、共感や思いやりについてもっと深く話し合う良い機会にもなります。「食べるものが十分に得られなかったら、どうすればいいんだろう？」「コミュニティの他の人たちを助けるのはなぜ大切だと思う？」のように尋ねてみましょう。

　息子さんが思いやりのある行動をしたら、立ち止まって、その行為を認めてあげてください。あなたが気づいて評価しているものを知らせましょう。親は、子どもの成績や成果をすぐに褒めようとしますが、親切な行いには気づかないことがよくあります。息子さんの親切な行動を褒めて、共感と思いやりを育てる肯定的な体験を積ませましょう。努力をあなたに認められ評価してもらえていることに気づけば、彼はきっと、独自の共感や思いやりや奉仕の価値観を構築できるようになるでしょう。

あなた自身の感情を表し、共有しましょう

　これは厄介な問題です。私たちの多くは小さいころから、感情を抑えて見せないようにと教えられてきました。特に母親は、自分の感情は後回しにして無私無欲になり、子どものために強くなるべきだというメッセージを社会から受けることが多いのです。母親は、自分自身の感情からさえも、子どもを守らなくてはと感じることがあります。それが適切な場合もありますが、子どもというものは、家庭内のムードに敏感で、周囲の感情をすぐに察知

するものです。もし子どもが適切な発達段階にあれば、あなたの気分の変化について正直に話したり、効果的な対処法のお手本を見せたり、子どもが正しく共感を示せる機会にすることができます。

　以下はあなた自身の感情について円滑に話し合うためのヒントです。

- 自分の感情を言葉に表すことから始めましょう。「私は○○な気持ちなんだよ」
- その気持ちを説明しましょう。「○○だから、こんな気持ちになったんだ」
- 必要としていることを伝えましょう。「あなたが○○してくれたら助かるよ」
- 息子さんにできることが何もない場合もあるでしょう。それでもいいのです。そのことをできるだけきちんと伝えましょう。「今、してほしいことは何もないよ。ただ時間が必要なんだ／そっとしておいてほしいんだ／ハグしてほしいんだ」
- 共感を示してくれたことに感謝しましょう。「心配してくれてありがとう。あなたの思いやりがとてもうれしいよ」
- ポジティブな感情について話すのもお忘れなく！　感情について子どもと話すのは、自分が動揺したり悩んでいる時だけになりがちですが、そうでない時でも重要です。うれしい時、楽しい時、ワクワクしている時にも、自分の気持ちについて話すようにしましょう。

年齢別の共感力構築方法

　共感について教えるのに幼すぎることはありません。すでにお

分かりのように、共感は高い感情知能の中核をなす要素です。このスキルを早い段階で身につけることで、子どもの感情知能が高まります。

0 〜 4 歳のためのスキル

　幼い子どもは、自分のことしか考えていないのが普通です。悪意があるわけではありません。発達段階において正常なことなのです。とは言っても、幼い少年が自分や他人の気持ちや考えに気づき始めるようにサポートするのは、素晴らしいスタートとなるでしょう。

- 感情を表す言葉を、彼の気持ちと結びつけて教えましょう。「足を踏み鳴らして叫んでるのは、怒っているんだね」
- 感情チャートを使って、基本的な感情の分類を理解させましょう。感情を表す言葉が持てるようになればイライラが大きく軽減します。
- どんな感情にも共感し、認めてあげましょう。感情を表してもいいんだと思えるようにしてあげてください。どんな感情でもいいのです。でもどんな行動でもいいわけではありません。それをお忘れなく。
- その瞬間に、他の人がどんな気持ちなのかを想像させることによって、子どもの中に共感の種を植えることができます。「幼稚園の教室の隅っこで、テディが一人で遊んでいたね。あなたにもそういうことがあった？　そんな時、どんな気持ちだった？　テディはどんな気持ちだったと思う？　どうしてそう思うの？」

5 〜 10 歳のためのスキル

　子どもは、自分や他者の行動や服装について、毎日、周囲の世

界から多くのメッセージを受け取っています。その中には、反対しなくてはならないメッセージもあります。共感力と感情知能を育めるようなヒントをいくつか紹介しましょう。

● 彼の気持ちについて話し合い、それを言葉で表し、感情に圧倒されたと感じた時に自分を落ち着かせる方法を見つけさせましょう。

● 息子さんについて人と話す時は、あなたが彼の共感力を重視していることを示しましょう。彼が良い人間関係を保っているかどうかを、かかわる大人たちに尋ねてみましょう。思いやりのある生徒かどうかを保護者面談で先生に尋ねたり、良いチームメイトかどうかをコーチに聞いてみましょう。こうすることで、社会的な良い行動が、成績や成果と同じぐらい重要であると、息子さんにも周囲の大人たちにも知らせることができます。

● 教室でのジェンダーについて子どもと話しましょう。自分以外のジェンダーの友だちがいないか尋ねてみましょう。でもそれを恋愛関係と決めつけないように注意してください。こんな質問をしてみましょう。「学校のアクティビティはジェンダーで分けられることが多いの？　先生は、男子にも女子にも同じぐらい声をかけてる？　女の子の友だちはいる？　その子たちと何をするのが楽しい？」

● 遊びにも共感を組み入れましょう。いろいろなキャラクターを演じるのは、視点を変えたり、共感したりする練習になります。「ままごと」やお人形遊びもしてもいいでしょう。文字どおり別のアイデンティティになってみるよう勧めましょう。ロールプレイは共感を育てる最高のアクティビティですが、社会は、このような遊びは女の子のものだと男子に教え続けてきたのです。それは事実に反した

考え方だと、息子さんに教えましょう。

●争いごとを解決する練習をしましょう。実際の体験だけでなく、ロールプレイも同じように解決の優れたツールです。息子さんが仲間と衝突しても、すぐ叱ろうとしないでください。状況を理解するために丁寧に質問をしましょう。そして別の視点で考えるよう、子どもに促してみましょう。

●周りの人に気づいて目を向けることを教えましょう。彼はとても親切でやさしいかも知れませんが、周囲のことに気づかないかもしれません。男の子は、自分の問題や目標に集中するあまり、他の人のことを考えられない場合があります。こんな質問をしてみましょう。「クラスで一番寂しそうなのは誰だと思う？　遊ぶ友だちがいない子は誰だろう？　誰もあなたと遊びたくないと言ったら、どんな気持ちになる？」

11 〜 13 歳のためのスキル

中学生の男の子は自分のアイデンティティや、それが他者とどのようにかかわるのか、性的な魅力なども含めて、探求を始めます。共感を育むのに特に相応しい時期と言えます。

●彼のクラスメイトや友だちに関心を持ちましょう。友だちの様子について噂話ではなく純粋な質問をしましょう。尋ねるという姿勢を見せるのは他者を思いやる模範を示すことになります。人の成功を祝ったり、困難な時に手を差し伸べたりするお手本を見せましょう。

●性別の違う人との友情を奨励しましょう。でもそれをロマンチックな関係と見なさないように注意しましょう。息子さんは、メールや会話を交わしたり、一緒に出かけたりといった、ちょっとしたロマンスを楽しんでいるかもしれま

せん。本当の「デート」のようには見えないかもしれませんが、恋愛関係における共感の役割について話し合う絶好のチャンスです。

- 感情を認めることについての対話を続けましょう。ある行為を好きになれなくても、そこに生じる感情を正当化することはできます。「悲しい／うれしい／腹が立っているんだね。そういう気持ちになるのはとても正常なことだよ」といったフレーズは感情を認識し考えさせてくれるいつでも使えるフレーズです。

- メディアについて話し合いましょう。特にスマホが一般化した今日では、彼が使っているすべてのメディアをあなたがコントロールすることはできませんが、彼の読んでいる本や、見ている番組や、どんなゲームをしているかについて、考えてみましょう。メディアを通して、女性が主人公のコンテンツに触れる機会を増やすにはどうすればいいでしょう？　男性が主人公のコンテンツばかりを見ているようなら、話し合ってみましょう。あなたの基準を押しつけるのではなく、好奇心を持って尋ねましょう。

- 10代になると、いじめが増えるのは残念なことです。学校でいじめが起きていないか、子どもに尋ねてみましょう。もしあるようなら、いじめる側といじめられる側の両方の子どもの気持ちを、共感力を使って話し合いましょう。「その子はどんな気持ちだろう？　もしあなただったら、どう思う？　どうすれば助けられるだろう？　自分とみんなの安全を守りながら、助けるにはどうすればいいと思う？」

- 実際の例について話し合いましょう。ニュースには、難しい混乱を招くような情報があふれています。悲しい話ばかりを浴びせる必要はありませんが、話を進める上で彼がも

のごとを思慮深く考えていることを確認しましょう。共感
力の素晴らしい例を目にしたら、それを指摘しましょう。

14 歳以上のためのスキル

　息子さんは、すでに共感力を身につけていることでしょう。高
校生になると、受動的な傍観者から能動的な提唱者になって共感
を実行できるようになるでしょう。

- あなたの期待をまだ明確にしていなければ、はっきり伝え
ましょう。すべての人に思いやりと敬意を示す強い倫理的
義務があることを、きちんと理解させましょう。
- 受動的な会話を、行動へと変えていきましょう。正しいこ
とのために立ち上がるのは、困難な状況でアライになるた
めに重要です。ひどい行為を目撃して共感することができ
たとしても、ただじっと傍観しているだけではほとんど意
味がありません。
- 世界は自分を中心に回っているのではないことを、高校生
の息子さんに理解させましょう。彼の気持ちは妥当ですが、
他者への配慮を自分の幸せより優先させるべき時もあるの
です。
- 地域社会のボランティア活動に参加するよう勧めましょう。

フェミニストの心得

　共感力を高めることは、生涯続くプロセスです。それは親がどのようにそのプロセスを育てるかから始まります。共感力は正しいことをする勇気を生み出します。社会を変えるのに欠かせない要素だからです。フェミニスト男子は共感力が高いのです。共感力のある男の子は将来の男性へと成長していきます。親のあなたには息子さんのためにものごとをよくする大きな力があるのです。今から始めましょう。https://www.akashi.co.jp/files/books/5612/5612_raising-feminist-boys_siryou.pdfの資料をダウンロードして、「尊重、公平、共感の誓い」について、家族にとってどういう意味を持つのかを、息子さんと話し合いましょう。共感力のスキルを与えることで、彼は、あなたや家族、地域社会、そして世界とより深くかかわれるようになります。

第8章
失敗したら関係を修復しましょう

新しいことを学んでいる時は、失敗は避けられません。失敗したからといって悪い人間になるわけではありません。私たちは皆人間なのですから。性差別、人種差別、同性愛嫌悪、年齢差別、能力差別、その他のあらゆる差別が存在せず、誰もが世界を安心して歩くことができ、平等で公平な扱いを受けられれば、どんなに素晴らしいでしょう。でも残念ながら、まだそれは現実ではありません。

　現実は、誰もが皆不平等な制度と偏見の一員なのです。意味のある永続的な変化を起こすためには、自分が不平等な制度の中でどのような役割を果たしているかに気づき、それを認める必要があります。本書は、あなたが変化を起こすために必要な旅のツールを提供してきました。でも、その過程のどこかで「失敗」は避けられません。まちがったことを言ったり、したり、逆に、言うべきことを言わなかったり、するべきことをしなかったりするかもしれません。そういった「マイクロアグレッション（自覚なき差別）」についてもっと詳しく見ていきましょう。第1章ではあなた自身の暗示的偏見と明示的偏見について考えました。この章ではそれが言葉や行動にどう表れるかを見ていきましょう。偏見があると知った上で、それが——自分の中にであっても、人前にであっても——表れた時にどうすれば良いのかプランを立てておきましょう。

　完璧さを求めているのではありません。自己認識、責任、そして何らかの行動を起こすことを求めているのです。基本的には、失敗に気づいたら、それを認め、言葉で表し、言動を変えれば良いのです。

失敗はマイクロアグレッションです

　明らかな偏見、性差別、人種差別、より露骨な「差別主義」な

どは見分けやすく対応もしやすいものです。しかし、対処が困難なのは、疎外化された集団に対する、日常的でしばしば目立たない中傷です。残念なことに、マイクロアグレッションはよくあることで、本質的には暗示的偏見と一体化しています。その偏見は私たちの判断や行動や、周囲の人たちへの理解を無意識に左右しているのです。

　そのままにしておくと、残念ながら、私たちは人種や民族や文化の異なる人々に対して暗示的偏見を持ち続けるかもしれません。自分の言動や考えや感情が与える影響に必ずしも気づかないうちに、害を及ぼしてしまうのです。マイクロアグレッションは常に起こります。特に自分が疎外された集団の一員ではない場合は、自分の意識をすり抜けてしまうことがあるのです。ところで、女性へのマイクロアグレッションはどのようなものでしょうか？

　ジェンダーに基づいた思い込みはすべてマイクロアグレッションです。たとえば、男性に「料理はできないよね」と言ったり、女性に「すごいじゃない！　スケートがうまいね！」と言ったりするのは、ホッケーチームの女性選手にホッケーの才能があるとは思えないと暗に言っていることになるのです。

　マイクロアグレッションは「マンスプレイニング」という形を取ることもあります。これは、女性であることを理由に、男性が女性に上から目線で何かを説明することです。たとえば、出産についての記事をどこかで呼んだ男性が、女性に出産についてどう思うべきかを解説するようなことです。その女性自身の**実体験**はまるで無視されているのです。

　もう一つ違う例をお話ししましょう。私の知っている8歳の少年が、ホッケーのチームメイトに、チームの女の子がロッカーで「裸」だったのを見たと話しました。彼は軽いジョークぐらいに思っていましたが、その噂が当事者の女の子（とその両親）に伝わると、もう笑い事などではなく、彼女にとってひどい屈辱であ

ることが明らかになりました。少年はその女の子を攻撃するつもりではありませんでしたが、彼女は女性であるために彼のジョークのターゲットになってしまったのです。この例は暗示的偏見だけでなく、マイクロアグレッションをも表しています。

　大人の例を挙げましょう。新入社員候補の面接の時に、ある男性社員が「彼女を採用しましょうよ。見た目がいいし」と言いました。彼は自分の発言は無害だし、褒め言葉ですらあると信じていたのかもしれません。しかしそのメッセージは、女性を「モノ化」するものです。女性候補者はその場にいませんでしたが、女性の外見を判断するのはかまわないし許容も容認もされるということ、そして女性のプロフェッショナルとしての資格より重要であるというメッセージを、他の人々に送ったことになります。

　大人が仲間うちで話していると、「○○と一発やりたいな」と高校生にでも戻ったようなバカげたことを言う人がいます。そんな時、私は笑い飛ばす代わりに、「まるで中年のクソ野郎みたいな発言ね」と言ってやりたくなります。そんな野蛮な野郎の言い方が許されるのなら、私だって同じトーンで言い返してもいいはずだと思うのです。

　たとえば、大学のパーティで飲みすぎた女性のニュースについて議論しているとしましょう。女性はバーで挑発的なダンスをして、その夜、性的暴行を受けました。その女性の行動が性的暴行の原因だったかどうかを、あなたは友だちと議論しています。しかし、それこそがマイクロアグレッションなのです。あなたはそれに気がつきましたか？　どんな行動も性的暴行の**原因となる**わけではありません。被害者の行動にかかわりなく、レイプの責任はレイピストにあります。レイプされるべき人などいません。責任は唯一、レイピストにあるのです。

　私たちの文化の中には、悲しいことにまだジェンダーに基づくマイクロアグレッションが多く見られます。そうしたマイクロア

グレッションの例をいくつか挙げましょう。偏見に気づき指摘するのに役立つでしょう。

- 人をモノ化する言動：「エマを研究パートナーに選んだのはよく分かるよ。彼女セクシーだからね」
- 異なるジェンダーの人を二流市民のように見下したり仲間外れにしたりする言動：「父親は母親のように子育てができない」
- 性差別的な言い方：ファイアマン（消防士）、スチュワーデス、男の看護婦、など。代わりに、性差別的でないファイヤーファイター、キャビンアテンダント、看護師という言葉を使いましょう。
- ジェンダーによって、知らないことがあると憶測する：女性がもう知っていると思わずに、タイヤのパンク修理について説明するようなこと。
- ジェンダーに基づいて、何かをするよう期待する：娘に「洗濯をしてくれる？」、息子に「ゴミ出しをしてくれる？」のように。
- ジェンダーに基づいて、人の能力を制限する：「お兄ちゃんの方が力があるから、やってもらいなさい！」
- 性差別を「流行り」として否定する：「性差別は70年代のものだよ。21世紀の今は、そんなものないよ」
- 異なるジェンダーの体験を正当と見なさない：「きみは状況を正しく認識していないんじゃないの？　ピートはすごくいいやつだし、女の子が好きなだけだよ」
- ジェンダーの違いによって人を無視する：「専業主夫の彼は、お茶にも子どものプレイタイムにも招かないわ。気があると彼に思われたくないの」
- ジェンダーのジョーク：ブロンド女性は頭が悪いというよ

うなジョーク。

- 低賃金、出世の頭打ち（「ガラスの天井」）、男性ばかりの理事会やコーチ、といった制度的な問題：「女性を理事会に加えたいんだけど、女性で適切な人が見つからないんだ」

こうしたことが女性にとってあまりにも頻繁に起こるのは残念でなりません。女性以外にも、抑圧され、周縁化された人々も同様の思い込みを受けたり、現実を否定されたり、ひどく傷つく「無害な」ジョークの矛先にされたり、資格よりも外見を重視されたりします。

フェミニスト男子の育成に集中する親は、マイクロアグレッションの探偵となりましょう。注意し始めると、マイクロアグレッションはそこらじゅうに顔を出します。そんな時、私は自分を奮い立たせて発言しようとしますが、性格上やり過ごしたくなってしまうのも事実です。

（職場環境のような）あまり安心できない場所では、私は非言語的なコミュニケーションをとてもよく使っています。今でもわりとよく使われているフレーズに「彼女クレージーだよ」というのがあります。それを侮辱として誰かが口にすると、私は「え〜それってだめだよ」という表情をします。すると相手は「え？何？」と答えるのです。それから「今はもう1992年じゃないよね。もうそんなこと言えないよ」のようにユーモアを交えて応じるのが私の定番です。私はもともとユーモアを込めた話し方をするので、マイクロアグレッションにユーモアで対抗するのはたやすいことです。さらに聞かれたら、「女性がクレージーだと言うのは、ジェンダーのステレオタイプを強化することでしょ？　それ、どういう意味として言ってるの？　何を言いたいわけ？」と続けます。概して、このアプローチで、次のような評価ができると思います。

1. 反対意見を言う価値のあることか？
2. 言う価値があるとしたら、その場で言うか、後で言うか？
3. 言う価値があるとしたら、どんなアプローチがいいか？
   ユーモアを込めて言うか（「そんなこと言うなんて、恐竜時代
   じゃあるまいし」）または、直接正直に言うか（「良い意図で
   言っているのかもしれないけど、あなたが○○と言ったのは
   ちょっと不愉快だったよ。△△で侮辱的だから。こんな話をする
   のは、あなたのことや職場環境を大切に思っているからよ。あな
   たもそうでしょう？　こうしたことについて少しずつ学んでいこ
   うよ」）。

失敗した時の対処法

　こんなことを言ったことはありませんか？「エリカは男の子と
遊ぶのに慣れていないから、彼女がケガをしないように、気をつ
けてあげてよ」「マディソンはすごくステキね。男の子はみんな
彼女に夢中なんじゃない？」こうした言い方は、マイクロアグ
レッションです。ある意味で、人やその行動をジェンダー化する
ことなのです。

　私たちの文化に深く浸みこんでいるため、つい口がすべって、
こうしたコメントをしてしまうことがあります。また、すっかり
気の許せる古くからの友人と話していて「なんて最低女（ビッチ）」と時代
遅れの性差別的な言い方をしてしまうことがありますが、気をつ
けなくてはなりません。長年の友人は眉をひそめることさえしな
いでしょう。でも自分で気づいて、それを言葉で表す努力をして
います。同じ女性をビッチと呼ぶなんて、女性同士を分断させ、
性差別を強化するだけです。これは性差別的な文化が女性に対し
て使っていた言葉なのですから。こうしたことも一種の抑圧の内
在化です。支配的な集団が女性に対して使ってきた言葉を、抑圧
された側も使ってしまうのです。私は口がすべったら、「うわ！

最低！『くそったれ』と言いたくてビッチって言っちゃった。そうじゃなくて、アスホール、って言いたかったのよ……」いずれにしても上品なコメントとは言えませんが、私は少なくとも性差別者にはなりたくありません。

マイクロアグレッションをしてしまったことに気づいたら、このように対処しましょう。

1. 立ち止まって
2. 自分が言ったことに気づいて
3. なぜそれがジェンダー化や性差別にあたるのかを考えて
4. それを言葉に表して声に出し
5. 他の解決法「○○と言った方が良かったね」を述べて
6. 相手にどう感じているかを尋ねて
7. ここから学んで前進すると誓う

他にもいくつか、自分のまちがいを正すメッセージがあります。「ねえ、みんな。エリカも遊びたいって言っているよ。エリカ、分からないことがあったら、みんなに聞けばいいよ」と言えば、エリカの弱さや強さについて憶測せず、彼女を遊びに含めて、必要であれば尋ねればいいという力を与えています。

大体において、人の外見についてコメントするのは避けましょう。それは誤った焦点を強調し、外見が最も重要だというメッセージを送ることになります。原則的に、外見の形ではなく、体の機能に焦点を当てるようにしましょう。「マディソンは強いよ。彼女は中学のトップアスリートなのよ」

10代の女の子をベビーシッターに頼むのも、私たちの文化が、女性の方が子育てがうまいとしてきたことを表しています。ここにもいくつかの理由で問題があります。女性ばかりに負担をかけ、男性を排除し、人の世話はジェンダー化された作業だというメッ

セージを男の子に送ることになります。誰もが、平等に世話をする力を持っていると考えましょう。

息子さんが失敗した時の対処法

あなたの息子さんも人間ですから、あなたの許容範囲外のことを言ったりしたりすることは避けられません。たとえば、グループメールで彼が女の子のことを「ビッチ」と言ったり、友だちがゲイの子について意地悪なことを言った時に見ぬふりをしたり、というようなことがあるかもしれません。また、チームで自分のように運動神経が良くない子に、特にやさしくないかもしれません。

まずは、思いやりを持つことから始めましょう。こうしたことが起きたら、恥をかかせたり批判したりせずに、教える機会にしましょう。彼が気まずく思ったのは普通のことだと説明し、その気まずさに気づくよう仕向けましょう。「体がどんな反応を起こした？」「どんな気持ちで反応した？」「なぜそういう反応をしたんだと思う？」などと尋ねましょう。

彼の気まずさを尊重しながら新しい行動を奨励し、別の対応方法を探ってみましょう。「自分の考えを言うのがどうして困難だったの？」「もしもう一度できるのなら、今度はどう言いたい？」「自分の気持ちに忠実でありながら、相手も尊重するような言い方をするには、どうすればいいと思う？」とフォローしましょう。

そうすることで、彼は、どうすれば立ち上がる人（アップスタンダー）になるか考え、計画を立てられるようになります。**立ち上がる人**、それは正しくないことに気づいて、声を上げたり行動を起こしたりする人です。それには勇気が必要ですが、難しいと感じることもあるでしょう。でもこの役割は、前向きな自尊感情や誇りといった長期的な利益をもたらし、彼の勇気を目撃した人たちから尊敬も得られるで

しょう。

　一方、**傍観者**とは、不正義を目撃しても何も言わない人です。その場ではそれが最も容易な反応かもしれませんが、決して気分のいいものではなく、他者から弱いと思われるでしょうし、概して思いやりに欠けた行動です。息子さんが立ち上がる人になれるよう、次のことをするよう奨励しましょう。

- （不正義なことに）加わったり一緒に笑ったりしない。
- ターゲットにされている人を人前でサポートする——友だちにそんなことはかっこ悪いし意地悪だと言う。
- ターゲットにされている人を、個人的にサポートする。「みんながあんなことを言ったりしたりして、残念だよ。いやな気分になったよね。大丈夫？　何か手伝えることはない？」
- 仲間の力を使う——他の友だちと一緒に声を上げる。
- 大人に話す。**告げ口**（誰かを困らせるのが目的）と、**助けを求める**（困っている誰かを肉体的、精神的に助けるのが目的）こととは、異なります。

フェミニズム、平等、正義への継続的な取り組み

　平等な社会を築くのが簡単であれば、もうすでに達成されているはずです。これは決して、現状にチャレンジするのは不可能だと言っているのではありませんが、認識と行動を続けることが必要です。継続してフェミニズムの作業に取り組むアプローチには次のようなものがあります。

すべての傷の修復

　大切な人があなたの誕生日を忘れて、数日後にやっと思い出し、それを軽く扱って、もう忘れて前に進もうと言ったとしましょう。するとそれが未処理の**亀裂**となって、関係を壊す「原因」となるかもしれません。もちろん前に進むことはできますが、この経験からはほとんど何も学ぶことができず、ただ、恨みや痛みだけがいつまでも残ってしまいます。

　でも、亀裂が起きてもそれに**修復**が伴えば、実際に、関係がより深まり、以前より2人をもっと親密にしてくれます。修復は、亀裂を認め、それを言葉で表し、その責任を取るという癒しの行為です。もし、その人があなたの誕生日を忘れて、後から思い出して謝っただけでなく、「誕生日を忘れてしまってごめんなさい。あなたは私にとってとても大切な人なのに。私が忘れてあなたはどんな気持ちになりましたか？」と、忘れたことがあなたに与えた影響をも認めてくれたとしたら、どうでしょう？　あなたは「つらかったよ。私にとってもあなたは大切だし、私たちの関係に何か起きたのかと心配だった」と気兼ねなく答えられたでしょう。こうした会話によって、2人の絆が切れるのではなく、さらに親密度と絆が深まったことに気づきましたか？

　もう一つの例として、職場で女性が男性から上から目線でものを言われることがあります。そんな時の対処法がいくつかあります。男性に向かって、彼のしていることを指摘するか、その女性のところへ直接行って、あなたが傍観していたことを認めます。行為に気づき、それを言葉で表し、自分の責任を果たすのは、どれも亀裂を修復するために重要です。

　この考えをジェンダー平等にも適用しましょう。あなたの息子さんが男友だちと集まって遊んでいる時、怖いという気持ちを語った一人の男の子に向かって「女みたい」と言ってしまったとします。息子さんは、男らしさの文化に流されてしまったのです。

これは一見、無害に見えても、実は女性蔑視の言葉を使うことによって、友人は自分より劣っているとほのめかしたことなのです。これがマイクロアグレッションです。フェミニスト男子なら、その場で、自分が与えた害に気づいて修復する方法を見つけようとするでしょう。あるいは、後からその友人に「きみのことを女みたいと言ってごめんね。ぼくは、女の子は素晴らしいと思っているし、そんな言い方で女の子をコケにするつもりはなかったんだ。よく考えていなかったよ。女の子に対しても、もちろんきみに対しても悪かったと思ってるよ。ごめんね」と言えるかもしれません。

　こうした瞬間はどこにでも出現します。そんな時、息子さんが気づき、それを言葉にし、言い換えるように教えましょう。「きみのことを女みたいって言っちゃった。かっこ悪いね。ごめんね」「きみがつらい気持ちをぼくに話してくれた時、『男らしく我慢しろよ』、なんて言っちゃったね。それって、自分が感情について話すのが苦手だからだと思う。直すように努力するよ。だから、いつでも話しに来てね。そしてぼくが感情について話せるように助けてくれるとうれしいよ。本当にごめんね！」

　私自身の例を話しましょう。3人きょうだい末っ子のイブは、いつもお兄ちゃんたちについて行きたがります。彼女は粘り強いし、ダートバイクに乗ったり、レスリングをしたりするのも上手です。それに擦り傷や打ち身からもすぐに立ち直ることができます。息子の一人がイブを「おてんば娘（トムボーイ）」と呼んだ時、私は、「そうよ。イブはおてんば娘だから、何だってしたいことができるのよ！」と叫びたくなりました。

　私も、子どものころは「おてんば娘」と思われていました！息子がイブにそう言った瞬間、イブは母親の私と同じで、「おてんば」なのはステキで、かっこいいと言いたかったのです。それが最初に浮かんだことでした。でも、よく考えてみると、私は本

来ジェンダー化されるべきでない行動をわざわざジェンダー化したくはないなと気づいたのです。そこで、私が息子に実際に言ったのはこういうことでした。「イブはトムボーイでも、ボーイでもないのよ。イブはイブなの。ダートバイクやレスリングが好きで、勝つのも好きだし、泥んこになるのも好きな女の子なの。でもままごとや料理も好きだし、子犬を抱きしめるのも好きなのよ。彼女はイブよ、かっこいい子よ。そういう女の子なの」

　誤りが修正された瞬間は、かかわった人すべてにとって気分が良くなるだけでなく、性差別的な対話構造に穴をあけることにもなります。「それは違う！」と声を上げるほど関心がある、というメッセージを発しているのです。そうしたメッセージによって、疎外されたり、差別されたり、傷つけられたりしていると感じる人たちは、あなたや同僚や友人や、特にあなたの息子さんに声をかけやすくなるでしょう。

本を読みましょう

　幼い時からいろいろな本を読み聞かせてあげれば、他者の経験が理解できるようになります。私たちはとても自分たちの民族のことしか考えない世界に生きていますから、多様な人たちの物語を探求するようにしましょう。その人の人種、階級、言語、能力、宗教によって、ジェンダー体験の仕方も違います。

よく聞き、よく話しましょう

　テーマによっては、聞いたり話したりする前から熱くなるかもしれませんね。そんな時は、どんな話であっても、相手が良い意図で話していると想定し、相手にも同じように思ってもらうように頼み、最良の結果が得られるように準備をしましょう。違和感を共に乗り越えようと約束しましょう。そうすれば、相手の話を熱心に聞いたり、共感したり、相手の視点に立って考えたり、自

分を振り返ったり、感情を認めたり、衝突を解決したりといった
スキルが向上し、人間関係が強化されます。

　誰もが話し合いの場にこうしたスキルを使って臨み、自分の感
情や考えや苦労や怖れや希望について自由に話せるような世界を
想像してみてください。誠実さ、信頼性、真正性のある場所を誰
もが望んでいます。

学びましょう

　読書会や講演会に参加したり、普段のルーティンから一歩踏み
出して、フェミニズムや人種不平等や、抑圧され疎外されている
人々が直面している問題について、学びましょう。地域社会に新
しく加わった人と話をして、その人たちが新しい集団や町や学校
に「アウトサイダー」として参加した経験について学びましょう。
新しい人たちがすんなり溶け込めるために、あなたにできること
は何でしょう？

　ジェンダー、性差別、人種、差別などについてのドキュメンタ
リーを、友人や家族と一緒に観て、後から話し合いましょう。**ど
んな**意見や考えも受け入れて、積極的に相手の話を聞いて中立の
精神を保ちながら関心を示す練習をしましょう。

他者とつながりましょう

　実際にコミュニティの多様性を求めている様子を息子さんに**見
せ**なければ、あなたがどれほど正しいことを言ったとしても、口
先だけだと思われてしまいます。コミュニティを広げて、すべて
のジェンダーと多様性を含める方法を探しましょう。フェミニズ
ムとは、誰もが平等ということです。それをお忘れなく。すべて
の人が反映されるコミュニティを作る努力をしましょう。

　普段のグループ以外の人たちを、あなた自身や息子さんの輪に
招き入れましょう。異なる経験を持つ人たちから多くのことが学

べます。私たちの世界は多様で美しいのです。変化をオープンに
受け入れ、いつもの決まり切った方法やルーティンやサークルか
ら踏み出してその世界を受け入れましょう。

フェミニストの心得

　ひとたび探し始めれば、マイクロアグレッションはいたる
ところで見つかります。それが自分の知っている人や知らな
い人によるものでも、自分自身によるものであっても、なか
なか見過ごせないものです。でもご心配なく。あなたにはも
う、自分がマイクロアグレッションの言動をしないために何
を探し、どう対応し、何をすべきかのロードマップがあるの
です。

　私たちは欠陥のある世界に生きていて、私たち自身も欠陥
を抱えています。それが現実です。誰でも過ちを犯すし、後
悔するようなことを言ったりしたりします。それが私たちを
人間たらしめているのです。過去のことでくよくよしても未
来は変わりませんが、そこから学べば変えられます。重要な
のは、あなたがこの本を読んでくださっていることです。対
話をしましょう。自分の偏見を見つめ直しましょう。向上心
を持ちましょう。誰も完璧を求めているのではありません。
一歩ずつ進みましょう。自省しましょう。質問しましょう。
好奇心を持ちましょう。

フェミニズムを推し進めましょう

　最後まで読んできたところで、ここまでのあなたの旅を振り返り、フェミニスト男子を育てる努力をしている自分を褒めてあげてください。本書では共感と愛着を育むことから、ポルノについて子どもと話したり体の変化は正常だとしたりする方法、マイクロアグレッション、暗示的・明示的偏見や特権への対処法などまで、多岐にわたるテーマについて述べてきました。こうしたテーマを自分一人で整理するのは容易ではありません。本書のウェブサイトからダウンロードできる資料（https://www.akashi.co.jp/files/books/5612/5612_raising-feminist-boys_siryou.pdf）で「読書グループのためのガイド」を閲覧できるようにしましたので役立ててください。

　ここまで具体的な方法を紹介してきましたが、私にとって本書が目指すところはハウツーブックを超えたものであり、読者にとってもそうであってほしいと願っています。完璧な親になろうとしてこの本を書いたわけでもないし、あなたもそのために読んだわけではないでしょう。完璧な親になれないことは神様だって知っています。私たちはただ、思いやりのある幸せな男の子を育てようと最大の努力をしているだけなのです。自己認識と、自分や他人を傷つけないという安心感を持つ男の子を育てたいのです。

　私たちが共にこの旅に参加したのは、非常に現実的で深い問題が私たちの文化に根付いていることに気づいたからです。男の子たちが飲む井戸の水は汚染され、子どもたちは感染しています。私たちは井戸を底から浄化するために力を合わせるのです。この

プロセスには時間と柔軟性、そして試行錯誤が必要です。結果が出るまでにはまだ何年もかかるでしょう。でも、思考し、少しずつ家庭で変化を起こし、多くの愛情とつながりを持つことで、私たちには世界をより良くする力があると願っています。それはより健全な、すべての人に公平な世界です。私にも、そしてあなたにも、それができるのです。この使命のために連携しましょう。多くの親、おそらくすべての親が、同じことを望んでいることを知りましょう。率先して声を上げ、行動を起こしましょう。この問題に関心を持ち、世界を変えようとする読者に感謝しています。読んでくださってありがとうございます。フェミニスト男子は、私たちの未来の男性像なのです。

謝　辞

　私を導いてくれた3人の子どもたち、キャム、タイラー、イブ
へ、あなたたちの人生を私や世界と分かち合ってくれてありがと
う。あなたたちは、変革を起こす若き代表者となってくれるで
しょう。自分らしくあるだけで世界をより良いところにしてくれ
ることでしょう。あなたたちの母親であることを誇りに思います。
あなたたちを、心から愛しています。

　夫マークへ、私が執筆のために何日も引きこもるのに耐えてく
れてありがとう。子どもの世話を引き受けたり、私と一緒にフェ
ミニズムや子育てについて学んだり、私と熱い議論を交わしてく
れました。これらは、考える力を与えてくれただけでなく、私に
とって困難かつ重要な挑戦ともなる対話でした。この本のためだ
けでなく、人生という共通の旅のためにも、あなたが私をサポー
トしてくれるすべてのことに感謝しています。心から愛していま
す。

　私をこのプロジェクトへ誘ってくれたジェニー・ガルバルディ
さん、ありがとう！　あなたがいつも導いてくれたことは、光栄
で、うれしく、そして大変感謝しています。ニュー・ハービン
ジャー出版社の皆さん（ジェニファー・ホルダーさん、マリサ・ソリ
スさん、そしてチームの皆さん）は、常に迅速な対応で、私にとっ
てはじめての執筆に必要な道しるべを与えてくれました。

　サリー・エクスさん、チャンスを与えてくれてありがとう！
あなたのように賢く、意識が高く、思いやりのあるエージェント
が私を受け入れてくれて、執筆の旅を支えてくれたことは、まっ

たくもって幸運でした。

　私と並走してリサーチ、編集、執筆を助けてくれた素晴らしい協力者の皆さん、ありがとう。シャーロット・ビンガマンさんの威力に感謝しています！　巨大でまだ形のない概念を、実行可能なところまでそぎ落としていくあなたの能力は驚異的です。助けてくれてありがとう。それから、アレックス・コウクリーさん、アン・ドレッシャーさん、ゲイラ・アタナソヴァさん、アニー・メディナさん、あなた方の知恵を共有してくれて本当にありがとうございました。

　いつも私の側にいてくれる友人と家族にも感謝しています。あなた方との率直な対話が、私を人として、心理学者として、親として、友だちとして、そして提唱者として成長させてくれています。

　最後に、一緒に参加してくれたすべての親御さん、ありがとうございます。私の患者さん、友人、私の記事を読んでくれた人たち――私たちは共に、道を探し、すべての人のためにより良いコミュニティを築こうとしています。この本を読んでくれてありがとう。私の旅に関心を持って参加してくれたことに感謝しています。

　　　愛を込めて　　　　　　　　　　　　ボビー・ウェグナー

用語解説 ⁽¹⁴⁵⁾

アウト　自分の性的指向やジェンダー・アイデンティティを公表している人、あるいは隠さずにいる人のこと。

アライ　性的指向、ジェンダー・アイデンティティ、マイノリティ（LGBTQI+、人種的マイノリティ、その他のあらゆる周縁化された集団）の人たちの民族文化的背景と自分が異なっていても、多様性を支持し尊重し、差別的な発言や行動に対抗する人たち。

異性愛主義　異なる性別間のセクシュアリティが正常、標準的、優位、普遍的であるとし、その他の性的指向は非標準的で劣っており、アブノーマルで論外、もしくは低水準であるという思い込み。

インターセックス　自然に起こる身体的な幅広いバリエーションを表す包括的な用語。インターセックスの人は「男性」または「女性」という二元化された典型に当てはまらない体の性的特徴を持って生まれる。誕生時にインターセックスの特徴が明らかに分かる場合も、思春期になるまで明らかでない場合もある。まったく目に見えないインターセックスのバリエーションもある。インターセックスの人の中には、バイナリーと自認する人も、そうでない人もいる。インターセックスの人をトランスジェンダーだと思い込んではならない。

LGBTQI+　レズビアン、ゲイ、バイセクシュアル、トランス、クィア／クエスチョニング、インターセックスのコミュニティを略した呼び方。

カミングアウト　自分の性的指向やジェンダー・アイデンティティを他者に開示すること。

クィア　歴史的にLGBTQI+の人々に対する侮辱的な言葉として使われてきたが、最近ではLGBTQI+のコミュニティを力づけるために活動家が自分たちを表す用語として使うようになっている。

クエスチョニング　自分の性的指向やジェンダー・アイデンティティに確信が持てない人を指す言葉。

ゲイ　主に他の男性に性的、恋愛的な魅力を感じる男性、もしくは主に自分と同じ性別の人に惹かれる人を指す言葉。

差別 人種、宗教、年齢、性別、障害、性的指向、ジェンダー・アイデンティティといった特定の特徴に基づいて、ある集団の人々が受ける異なる扱いや不公平な扱い。

シスジェンダー 出生時に割り当てられた性別とジェンダー・アイデンティティが一致している人。

ジェンダー 個人を女性的、男性的、アンドロジナス、と分類する、社会的、身体的、心理的、感情的な特徴の一式。社会からの期待の影響を多く受ける。

ジェンダー・アイデンティティ 男性、女性、あるいはその他のジェンダーであるという個人の内面的な感覚。ジェンダー・アイデンティティは出生時に割り当てられたり推測されたりした性別と必ずしも一致しない。ジェンダー・アイデンティティは誰もが持っている。

ジェンダー違和 出生時に割り当てられた性別と、自認するジェンダーが一致しないことによって生じる臨床的に重大な苦痛。

ジェンダー・エクスパンシブ 男女二元的なジェンダーシステムより広範囲のジェンダー・アイデンティティやジェンダー表現。ジェンダー・ノンバイナリーの代わりに使われることもある。

ジェンダー適合／移行 一つのジェンダーの社会的役割から別のジェンダーの社会的役割へと時間をかけて移行すること、および移行に伴って医療的処置がなされること。ホルモン療法や性適合手術のような医療的側面や、自分のジェンダー・アイデンティティを公的書類に反映させるような法的側面が、移行に含まれる場合も、含まれない場合もある。

ジェンダー・ノンコンフォーミング 通常、服装や身体的な外見を通して、男女に期待される社会的ステレオタイプと一致しない行動を取ること。

ジェンダー表現 服装、髪型、振る舞い、その他の特徴を通して、内面的なジェンダー・アイデンティティを外に向かって示すこと。

ジェンダー・フルイド 自分のジェンダーが、ジェンダー・アイデンティティやジェンダー表現のスペクトラムの中で流動的だと認識する人々が用いる用語。ジェンダー・フルイドの人がトランスジェンダーと自認することも、自認しないこともある。

ジェンダー役割 ある個人がどのように見えるべきか、どのように振る舞うべきかという社会からの期待。出生時に割り当てられた性別に基づく場合が多い。

性 出生時に生殖器と染色体の構造に基づいて医師が割り当てる男性か女性というラベル。

性的指向 他者に対して感じる、生来の、持続的、感情的、恋愛的、性的な魅力。

タイトルIX: アメリカ連邦政府から援助を受けているあらゆる教育プログラムや教育アクティビティにおける性差別を禁じる連邦法。

同性愛嫌悪 レズビアン、ゲイ、バイセクシュアルの人々に対する恐怖や敵意。差別やハラスメントや暴力という形で表されることが多い。

トランスジェンダー 出生時に割り当てられた、または推測されたジェンダーと、ジェンダー自認が異なる人。

トランスジェンダー嫌悪 トランスジェンダーの人への恐怖や嫌悪。差別やハラスメントや暴力という形で表されることが多い。

トランスジェンダー女性 出生時に割り当てられた男性の性から女性へと、体や、ジェンダー役割を変えようとしている人、あるいは変えてきた人の軌跡を表す言葉。トランス女性、MTFともいう。

トランスジェンダー男性 出生時に割り当てられた女性の性から男性へと、体やジェンダー役割を変えようとしている人、あるいは変えてきた人の軌跡を表す言葉。トランス男性、FTMともいう。

ノンバイナリー ジェンダーバイナリー（男性か女性か）の枠にはまらないジェンダーを自認する人たち。

バイセクシュアル 男性と女性の両方にはっきりと、性的魅力を感じ恋愛感情を持ったり、精神的に惹かれたりする人。またはそのコミュニティの一員であると認識している人。

パンセクシュアル どのジェンダーの人にも、感情的、恋愛的、性的な魅力を感じることのある人を指す。必ずしも同時に、同じように、同程度に感じるとは限らない。

平等保護 政府が、ある個人や集団を、同じ状況下において他の個人や集団と同じように扱うという米国憲法上の保証。

フェミニズム すべてのジェンダーと性別の人々が、社会的、経済的、政治的に平等であるという信念。

プライド 誰もが自分の性的指向やジェンダー・アイデンティティを誇りに思うべきだという考えとその考えを祝うイベントを指す。

レズビアン 性的魅力や恋愛感情をまず、他の女性に感じる女性。

子どもとのセックストークのヒント集

　フェミニストの概念を使って息子さんとセックスやセクシュアリティについて話し合うことはとても重要です。でも、不意をつかれると、親は戸惑うかもしれませんね。そんな時は、こう言いましょう。「聞いてくれてうれしいよ。ちゃんと説明したいから、今日また後で話そうよ」。そして性的な発達段階に沿って、年齢別のよくある行動についてまとめたこのヒント集を見れば、効果的な対応方法が見つかります。

0～4歳

性的な行動	話しかけ方のヒント
「うんちトーク」：性器、おしっこ、うんちの話	笑わないようにしましょう。そしてニュートラルな調子で言いましょう。「ペニスのことが知りたいの？ とても興味があるみたいだね。同じぐらいの年の他の男の子もペニスのことをたくさん知りたいと思ってるよ。それはとても普通のことなんだ。でも、話していい時と、話していい場所があるんだ。それから、ママや、パパや、○○先生にペニスのことを聞いてもいいけど、それ以外のところでは話さないようにしようね」
手や物で性器を触ったり、「セックス行為のまねをする」	動揺を見せずに、淡々とこう言いましょう。「ペニスをこすると気持ちがいいんだね？ でも人の前ではしないようにしようね。トイレとか自分の部屋で、一人の時にしてね」
自分や他人の性器に興味を持って質問をする	「聞いてくれてありがとう。ちょうどあなたの年になると男の子は、ペニスに興味を持つようになるんだね。ペニスの働きとか、他の人のはどうなんだろうとか」「人の体はそれぞれ違うけど、女の子には普通、膣があって、男の子にはペニスがあるんだ」
人の体に触りたがる	「他の人の体にすごく興味があるんだね。それでいいんだよ。でも、触っていいかどうか最初に聞いてね。それから、性器など、他の人の大切なところ（プライベートゾーン）は触ってはいけないよ」
自分を触ることの意味に気づかない	「ペニスを触ると気持ちがいいんだね。そう思う男の子もたくさんいるよ。でも、触るのは自分一人の時にしてね」 　赤ちゃんにも性器の正しい名称を教えましょう。「それはあなたのペニスだよ」

4 〜 6 歳

性的な行動	話しかけ方のヒント
人前で、あるいは一人の時自分の体を触る	もし人前で触っていたら、「ペニスを触ると気持ちがいいのは分かるけど、それは人の前ではなくて、一人の時にすることだよ」 　もし一人の時（たとえば、ベッドタイムに、あなたが側にいる時）に触っていたら、何か言いたくなる気持ちを抑えてください。これはそのうち、ひとりでに治ることですから。息子さんに恥ずかしい思いをさせることと、あなたが居心地の悪い思いをしていることとを、天秤にかけて考えてみましょう。
人の裸を見たがる	「私の体を見ているのね？　私の体はあなたとは違うんだよ。私は女性で乳房と膣があるの。あなたは男の子で、ペニスがあるんだよ。おもしろいよね。何か聞きたいことはない？」
キスやハグなどのまねをする	「あなたには愛情がいっぱいあるんだね。それは素晴らしいことだよ！　でも友だちにキスする時は、してほしいかどうかをまず聞いてね。聞けたかな？」 　さらに、状況によって、「そういうキスは友だちとするキスじゃないよ。そういうキスは、デートの時に大人がするかもしれないキスなんだよ」 　または、「場所によってルールが違うよ。学校では友だちにキスしてはいけないよ。学校では、自分の体の境界線を守らないといけないんだよ」
「お医者さんごっこ」で他の子どものプライベートゾーンを触る	落ち着いてこう言いましょう。「さて、そろそろ服を着ようね。お互いの『大切なところ』に興味を持つのは普通のことだけど、触ってはいけないんだよ。それについて一緒に本を読もうよ」

6 〜 12 歳

性的な行動	話しかけ方のヒント
一人の時にマスターベーションをする	「ペニスを触るのは気持ちがいいね。ペニスはそういう風にできているんだよ。でも触るのは一人の時にしようね。それから、後で手を洗うのを忘れないようにね」
性的な遊びをする	年少の子には「今のあなたは、体にとても興味があるんだね。同じ年頃の男の子たちの多くもそうだよ。でも、友だちが不快な気持ちになるかもしれないから友だちの性器を見たり触ったりしてはいけないよ」
人の裸を見ようとする	「人の体のことが知りたいんだね。それは良いことだけど、プライバシーは尊重しないとならないんだ。それについて一緒に本を読んで話そうよ」 子どもの前で、性的に見えないように注意しながら、さりげなく着替えてもかまいません。子どもが友だちの裸を見たり触ったりするのとは違いますから。ある意味、親が着替えるのを見るのは、体をごく普通のこととし、人間の体はみんな違うということを示す方法でもあります。もちろん、性的に見えるような方法で自分の体を見せることは、決してしてはいけません。子どもが不愉快に思っているかどうか、子どもの様子を見ましょう。思春期の男の子は、たいてい、こういったことが不快になり、自分と親との間にもっと境界線やプライバシーが欲しくなるものです。これは、子どもが自分の境界線を主張し自分の安全を守る行動へとつながる、大変良いメッセージでもあります。
裸の写真を見たり送ったりする	裸の写真を送ってはいけないと強調して話し合ってください。誰かが裸の写真を送ってきたら、あなたに知らせるように言っておきましょう。 「裸の写真を送ったり受け取ったりするのがおもしろいと思う子がいるかもしれないけど、実は、そういうことは法律違反で、あなたも大きなトラブルに巻き込まれるかもしれないんだよ。それに、送った写真は誰に見られるかも分からない。いったん送ってしまったら、もうコントロールできないんだ。誰かが先生やクラスの子にそんな写真を転送したら、まずいよね！」
テレビ、ゲーム、オンライン、その他のメディアで性的なコンテンツを見ている	年少の子には「コンピュータやiPadにはいいところもいっぱいあるけど、見たくないものや、怖いものまで見てしまうことがあるよね。いつか成人向けのもの、たとえば裸の人とか、セックスをしている人なども、目にすることがあるかもしれないね。そんな時、心配しないで、画面を閉じて、私に教えてね」

性的な行動	話しかけ方のヒント
	子どもが10歳以上なら：「セックスをしているところのような好奇心があおられるようなものをネットで見るかもしれないね。怖い感じのものや、おもしろいものもあるかもしれないし、自分のペニスを触りたくなるようなものもあるかもしれない。でも、そういう動画は、もっとセックスの経験のある大人用のものなんだよ。子どもは混乱してしまうかもしれないし、まちがったメッセージを受け取るかもしれない。よくあるのは、女性が罰せられたり傷つけられたりしているように見えるものだけど、本当はセックスは楽しくて快適なものでもあると知ってほしいんだ。あなたがもっと大きくなったら、そういうセックスをしてほしいと思ってるよ」
初恋：同級生に興味を持ったり、好きになったりする	「誰かを好きになるのって、ワクワクするよね。良かったね。その子のどんなところが好きなの？」
一人で着替えたがる	「大きくなると、着替える時にプライバシーが欲しいと思うようになる子もたくさんいるし、まったく問題ないよ。一人で着替えていいんだよ」
セックスの話をするのを恥ずかしがったり避けたりする	「セックスの話ってちょっと恥ずかしいかもしれないね。私も子どもの時そうだったよ。でも恥ずかしがらなくてもいいんだよ。だって誰もが経験することだからね。話したくなったら、いつでも話しに来てね」

12～18歳

性的な行動	話しかけ方のヒント
一人でマスターベーションをする	一人のところでマスターベーションをするのは正常な行為です。彼にプライバシーを与えて、さらりと受け流しましょう。もし行為の最中に部屋に入ってしまったら「ごめんなさい」と言ってただドアを閉めればいいのです。次からはノックをしましょう。そのことについて話し合う必要はありません。
一人で、時には友だちとポルノを見ている	どんなポルノなのか、どんな人が登場するのか、ポルノを見るのは自分や他者に対する気持ちに何か影響を与えるかなどについて話し合いましょう。 　「セックスに興味があるのは男の子にとって本当に正常なことだよ。ポルノを見るのは気持ちがいいだけでなく、性について学べるかもしれないしね。ポルノを見たことある？　どんなものを見た？　見ている時や見たあとで、どんな気持ちになった？　そのポルノは、現実の世界のセックスや人間関係を表していると思う？　ポルノはほとんど、映画と同じようにフィクションなんだよ。特定の経験を描くために演出されているんだよ。現実のセックスはそれとは違うことが多いんだ。どう思う？」
性体験	「最近、友だちの中に、デートしたり付き合ったりしている子はいない？　好きな人はいないの？」批判しようとせずに直接尋ねてみましょう。「これまで、誰かと付き合ったことはない？　セックスしたことある？　どんな感じだった？　どうしたいと思う？　自分を守る方法は分かってる？　性病、妊娠、心の安全、恋愛の安全性についてどんなことを知ってる？一緒に考えようよ。私にどんな風に手助けしてほしい？」
ジェンダーの問題	「ジェンダーについてどう思う？　何をどう知ってる？　自分のジェンダーをどう定義してる？　自分と違うジェンダーの人を知ってる？　それは誰？　自分のジェンダーのことでからかわれた経験はない？ジェンダーのことで、誰かをからかったことはない？もしあったなら、その人にどんな影響を与えたと思う？　自分がからかわれたら、どう思うだろう？」
境界線、同意、断ることについての言葉遣い	「同意や境界線についてどう思う？　相手も付き合いたいと思っている人と自分が付き合ってるかどうか、どうすれば分かると思う？　付き合いたくない相手には、どうすればいい？　どう断ればいいだろう？どんな方法があると思う？」

性的な行動	話しかけ方のヒント
健全な関係と不健全な関係	「健全な関係って、どんな関係？　自分にとって重要なことは何だろう？　自分が望む関係を手に入れるにはどうすればいいと思う？　自分でコントロールできることと、できないことは何だろう？　うらやましいと思う関係はある？　なぜうらやましいの？　愛情や、強烈に魅力を感じることって、どんなことだろう？　どうすれば恋愛関係で倫理を守れる人になれるだろう？」 「不健全な恋愛関係ってどんな関係？　不健全になるのは、なぜだろう？　相手ともう付き合いたくなくなったって、どうすれば分かるんだろう？　それをどう相手に伝えればいい？」
セクハラと性暴力	「セクハラや性暴力を受けたことはない？　セクハラや性暴力について、どう思う？　自分がハラスメントを受けたり、逆に誰かに暴行を加えたとしたら、どうすればそれが分かると思う？」
アルコールとセックス	「友だちの中でお酒を飲んだり、違法ドラッグを使ったりする人はいない？　いるとしたらどんなものを使っているの？　あなたはどう思う？　あなたはお酒を飲んだり、ドラッグを使ったことはない？　興味ある？　なぜ興味があるの？　恐れていることは何かある？　飲酒やドラッグによって、人との接し方や、人からの扱われ方が変わると思う？」
他者への共感	「誰かの立場になって一日生活してみたら、どんな感じだろうね？　自分とまったく違う人になったらどうだろう？　ちょっと想像してみよう。自分が女の子だったら、どう感じるだろう？　毎日が楽になるかな？　それとももっと困難になるだろうか？　女の子は、どんな風にあなたと違うことに対処していると思う？　あなたが女の子だとしたら、一日がもっと楽に楽しくなるように、男の子にしてほしいことがあるとしたら、それは何だろう？」
愛	「誰かを愛したことはない？　それはどんな感じ？　どんな感じか想像してみて。どんな感じなのか、どうやって分かるの？　誰かを愛することのプラス面とマイナス面についてどう思う？」
尊敬	「自分は尊敬される人だと思う？　尊敬される人ってどんな人だろう？　本当に尊敬できる人は誰だと思う？　その人はどんなことをする人？　尊敬されるということはどれほど重要？　どうして重要なの？　相手に敬意を表すには、どうすればいい？　自分と違うジェンダーの人をどうリスペクトすればいいだろう？」

性的な行動	話しかけ方のヒント
倫理観	「私たちは皆、自分の中に信念を持っているね。何が正しくて、何がまちがっているかということだね。あなたにとって一番重要な価値観は何だろう？　それはなぜ？　なぜそれを選んだの？　親の価値観についてどう思う？　なぜ？　倫理的な人になることはあなたによって重要？　自分の価値観に責任を持ち続けるにはどうすればいいだろう？　それはなぜ重要なの？私にサポートしてほしいことはない？」
アイデンティティの構築	「アイデンティティには、ジェンダー、人種、家族、年齢、社会経済的地位、セクシュアリティなど、とてもたくさんの部分があるんだよ。自分のアイデンティティにとって最も重要な部分はどれだろう？　それはなぜ？　そのアイデンティティのために、私たちにサポートできることはない？　あなたは、自分のアイデンティティを隠さなくてならないとか、人には知らせたくないと感じている？　もしそうなら、それについて少し教えてくれない？　もし話せないのなら、なぜ話したくないのかを教えてくれる？　もっと楽に言ったり、話したりできるように、私に手助けできることはないかな？　あなたのアイデンティティについて、誰かにからかわれたり傷つけられたりしたことはない？」

注

(1) Joshua A. Krisch, "Are Most Men Sexist? Not If You Ask Them (but Yes)," *Fatherly*, December 13, 2018, https://www.fatherly.com/health-science/are-most-men-sexist-gender-equality-metoo/.

(2) Venkatraman Chandra-Mouli et al., "Implications of the Global Early Adolescent Study's Formative Research Findings for Action and for Research," *Journal of Adolescent Health* 61, no. 4 (October 1, 2017): S5–9, https://doi.org/10.1016/j.jadohealth.2017.07.012.

(3) Robert W. Blum, Kristin Mmari, and Caroline Moreau, "It Begins at 10: How Gender Expectations Shape Early Adolescence Around the World," *The Journal of Adolescent Health* 61, no. 4 Suppl (October 2017): S3–4, https://doi.org/10.1016/j.jadohealth.2017.07.009.

(4) Blum, Mmari, and Moreau, "It Begins at 10."

(5) Albert Bandura, "Observational Learning," in *The International Encyclopedia of Communication*, ed. W. Donsbach (Atlanta, GA: American Cancer Society, 2008), https://doi.org/10.1002/9781405186407.wbieco004.

(6) Martie G. Haselton, Daniel Nettle, and Damian R. Murray, "The Evolution of Cognitive Bias," in *The Handbook of Evolutionary Psychology*, ed. D. M. Buss (Atlanta, GA: American Cancer Society, 2015): 1–20, https://doi.org/10.1002/9781119125563.evpsych241.

(7) Brian A. Nosek et al., "Pervasiveness and Correlates of Implicit Attitudes and Stereotypes," *European Review of Social Psychology* 18, no. 1 (November 2007): 21, https://doi.org/10.1080/10463280701489053.

(8) Birkan Tunç et al., "Establishing a Link Between Sex-Related Differences in the Structural Connectome and Behaviour," *Philosophical Transactions of the Royal Society B: Biological Sciences* 371, no. 1688 (February 19, 2016): 20150111, https://doi.org/10.1098/rstb.2015.0111.

(9) Cheryl Staats, "Understanding Implicit Bias: What Educators Should Know," *The Education Digest* 82, no. 1 (2016): 29–38.

(10) Staats, "Understanding Implicit Bias: What Educators Should Know."

(11) Nosek et al., "Pervasiveness and Correlates of Implicit Attitudes and Stereo-types."

(12) Daniel J. Siegel and Mary Hartzell, *Parenting from the Inside Out: How a Deeper Self-Understanding Can Help You Raise Children Who Thrive: 10th Anniversary Edition* (New York: Penguin, 2013), XVI.

(13) Lehigh University, "'Good Enough' Parenting Is Good Enough, Study Finds," *ScienceDaily* May 8, 2019, https://www.sciencedaily.com/releases/2019/05/190508134511.htm.

(14) Siegel and Hartzell, Parenting from the Inside Out.

(15) Daniel J. Siegel, "Attachment and Self-Understanding: Parenting with the Brain in Mind," *Psychotherapy in Australia* 12, no. 2 (February 2006): 26.

(16) Megan E. Baril, Ann C. Crouter, and Susan M. McHale, "Processes Linking Adolescent Well-Being, Marital Love, and Coparenting," *Journal of Family Psychology* 21, no. 4 (December 2007): 645–54, https://doi.org/10.1037/0893-3200.21.4.645.

(17) "How Working Parents Share Parenting and Household Responsibilities," *Pew Research Center's Social & Demographic Trends Project* (blog), November 4, 2015, https://www.pewsocialtrends.org/2015/11/04/raising-kids-and-running-a-household-how-working-parents-share-the-load/.

(18) David S. Pedulla and Sarah Thébaud, "Can We Finish the Revolution? Gender, Work-Family Ideals, and Institutional Constraint," *American Sociological Review* 80, no. 1 (February 1, 2015): 116–39, https://doi.org/10.1177/0003122414564008.

(19) "How Working Parents Share Parenting and Household Responsibilities."

(20) 同上。

(21) Pedulla and Thébaud, "Can We Finish the Revolution?"

(22) Daniel L. Carlson et al., "The Gendered Division of Housework and Couples' Sexual Relationships: A Reexamination," *Journal of Marriage and Family* 78, no. 4 (2016): 975–95, https://doi.org/10.1111/jomf.12313.

(23) George E. Vaillant, Charles C. McArthur, and Arlie Bock, "Grant Study of Adult Development, 19382000," May 7, 2019, https://doi.org/10.7910/DVN/48WRX9.

(24) Shannon Andrus, Charlotte Jacobs, and Peter Kuriloff, "Miles to Go: The Continuing Quest for Gender Equity in the Classroom," *Phi Delta Kappan* 100, no. 2 (October 2018): 46–50, https://doi.org/10.1177/0031721718803570.

(25) Making Caring Common, "Resources for Educators," December 2, 2019, https://mcc.gse.harvard.edu/resources-for-educators.

(26) "Resources for Educators."

(27) Warlene D. Gary and Robert Witherspoon, *The Power of Family School Community Partnerships: A Training Resource Manual* (Washington, D.C.: National Education Association, 2011), http://www2.nea.org/mediafiles/pdf/FSCP_Manual_2012.pdf.

(28) "The Origin of the Term 'Intersectionality,'" *Columbia Journalism Review*, November 29, 2019, https://www.cjr.org/language_corner/intersectionality.php.

(29) Jeannie Suk Gersen, "Shutting Down Conversations About Rape at Harvard Law," *New Yorker*, December 11, 2015, https://www.newyorker.com/news/news-desk/argument-sexual-assault-race-harvard-law-school.

(30) Emily Yoffe, "The Question of Race in Campus Sexual-Assault Cases," *The Atlantic*, September 11, 2017, https://www.theatlantic.com/education/archive/2017/09/the-question-of-race-in-campus-sexual-assault-cases/539361/.

(31) Susan M. Blake et al., "Effects of a Parent-Child Communications Intervention on Young Adolescents' Risk for Early Onset of Sexual Intercourse," *Family Planning Perspectives* 33, no. 2 (2001): 52–61, https://doi.org/10.2307/2673750.

(32) John S. Santelli et al., "Does Sex Education Before College Protect Students from Sexual Assault in College?," *PLoS ONE* 13, no. 11 (November 14, 2018), https://doi.org/10.1371/journal.pone.0205951.

(33) Planned Parenthood, "What Should I Teach My High School-Aged Teen about Pregnancy and Reproduction?" accessed July 28, 2020, https://www.plannedparenthood.org/learn/parents/high-school/what-should-i-teach-my-high-school-aged-teen-about-pregnancy-and.

(34) Ellen K. Wilson et al., "Parents' Perspectives on Talking to Preteenage Children About Sex," *Perspectives on Sexual and Reproductive Health* 42, no. 1 (2010): 56–63, https://doi.org/10.1363/4205610.

(35) Jean Piaget, "Part I: Cognitive Development in Children: Piaget Development and Learning," *Journal of Research in Science Teaching* 2, no. 3 (1964): 176–86, https://doi.org/10.1002/tea.3660020306.

(36) 同上。

(37) Angel Nga-Man Leung and Henry K. S. Ng, "Sex Role Development and Education," in *International Encyclopedia of the Social & Behavioral Sciences* (Second Edition), ed. James D. Wright (Oxford: Elsevier, 2015): 678–85, https://doi.org/10.1016/B978-0-08-097086-8.92014-2.

(38) Piaget, "Part I."

(39) Gertrude G. Zeinstra et al., "Cognitive Development and Children's Perceptions of Fruit and Vegetables: A Qualitative Study," *International Journal of*

Behavioral Nutrition and Physical Activity 4, no. 1 (July 9, 2007): 30, https://doi.org/10.1186/1479-5868-4-30.

(40) René van der Veer and Jaan Valsiner, *Understanding Vygotsky: A Quest for Synthesis* (Malden: Blackwell Publishing, 1991).

(41) APA Dictionary of Psychology, "Psychosocial Development," November 29, 2019, https://dictionary.apa.org/psychosocial-development.

(42) Suzanne E. Vogel-Scibilia et al., "The Recovery Process Utilizing Erikson's Stages of Human Development," *Community Mental Health Journal* 45, no. 6 (June 17, 2009): 405, https://doi.org/10.1007/s10597-009-9189-4.

(43) Ronald F. Duska and Mariellen Whelan, *Moral Development: A Guide to Piaget and Kohlberg* (New York: Paulist, 1975).

(44) 性研究者、ならびに性教育者として著名なエミリー・ナゴスキーは、私たちは子ども時代に受け取る、道徳的、医学的そしてメディアからのメッセージによって形作られると述べている。彼女の著書*Come as You Are: The Surprising New Science That Will Transform Your Sex Life*はすべての女性にとって（そして女性を喜ばせたいすべての人にとっても）読む価値のある本だ。主に女性に向けて書かれているが、すべてのセクシュアリティに向けた"Cultural Context: A Sex-Positive Life in a Sex-Negative World"という章もある。

(45) National Child Traumatic Stress Network, *Sexual Development and Behavior in Children: Information for Parents and Caregivers*, 2009, https://www.nctsn.org/resources/sexual-development-and-behavior-children-information-parents-and-caregivers.

(46) "Sexual Development and Behavior in Children."

(47) J. E. R. Staddon and D. T. Cerutti, "Operant Conditioning," *Annual Review of Psychology* 54, no. 1 (2003): 115–44, https://doi.org/10.1146/annurev.psych.54.101601.145124.

(48) Robert Weiss, "The Prevalence of Porn," Psych Central, March 28, 2019, https://blogs.psychcentral.com/sex/2013/05/the-prevalence-of-porn/.

(49) Michael Lucas, "On Gay Porn," *Yale Journal of Law and Feminism* 18 (2006): 299.

(50) "The Most Up-to-Date Pornography Statistics," *Covenant Eyes*, November 29, 2019, https://www.covenanteyes.com/pornstats/.

(51) Lucas, "On Gay Porn."

(52) 同上。

(53) 2019年にニューヨークで開催されたEsther Perel's Sessions Live Conferenceにおけるディベート。

(54) Lucas, "On Gay Porn."

(55) Larry Greenemeier, "Remembering the Day the World Wide Web Was Born," *Scientific American*, November 29, 2019, https://www.scientificamerican.com/article/day-the-web-was-born/.

(56) Making Caring Common, "The Talk: How Adults Can Promote Young People's Healthy Relationships and Prevent Misogyny and Sexual Harassment," November 27, 2019, https://mcc.gse.harvard.edu/reports/the-talk.

(57) Nancy J. Evans and Vernon A. Wall, eds., *Beyond Tolerance: Gays, Lesbians, and Bisexuals on Campus* (Alexandria, VA: American College Personnel Association, 1991).

(58) Joanne L. Bagshaw, *The Feminist Handbook: Practical Tools to Resist Sexism and Dismantle the Patriarchy* (Oakland, CA: New Harbinger Publications, 2019).

(59) Michele C. Black et al., *The National Intimate Partner and Sexual Violence Survey (NISVS): 2010 Summary Report* (Atlanta, GA: National Center for Injury Prevention and Control, U.S. Centers for Disease Control and Prevention, 2010).

(60) K. Nicole Jones, Melanie E. Brewster, and Jacob A. Jones, "The Creation and Validation of the LGBT Ally Identity Measure," *Psychology of Sexual Orientation and Gender Diversity* 1, no. 2 (June 2014): 181–95, https://doi.org/10.1037/sgd0000033.

(61) Momentous Institute, "What Is Attunement?," February 27, 2017, accessed March 1, 2020, https://momentousinstitute.org/blog/what-is-attunement.

(62) Mary D. Salter Ainsworth, "Infant-Mother Attachment," *American Psychologist* 34 (1979), https://pdfs.semanticscholar.org/5576/ca056c7c286e0e73dd0b1a4236f324d32280.pdf.

(63) Walter F. Mondale, "S.626 - 94th Congress (1975-1976): Child and Family Services Act," February 7, 1975, https://www.congress.gov/bill/94thcongress/senate-bill/626.

(64) Mary D. Salter Ainsworth, "Infant-Mother Attachment."

(65) "Second Generation Study," Harvard Second Generation Study, 2015, https://www.adultdevelopmentstudy.org.

(66) "Relationship of Emotional Intelligence with Self-Esteem Among Adolescents," ResearchGate, February 24, 2020, https://www.researchgate.net/publication/309242131_Relationship_of_emotional_intelligence_with_self_esteem_among_adolescents.

(67) John Gottman, *Raising an Emotionally Intelligent Child* (New York: Simon and Schuster, 2011).

(68) Tamra J. Sillick and Nicola S. Schutte, "Emotional Intelligence and Self-Esteem Mediate Between Perceived Early Parental Love and Adult Happiness,"

E-Journal of Applied Psychology 2, no. 2 (2006): 38–48, https://hdl.handle.net/1959.11/2950.

(69) APA Dictionary of Psychology, s.v. "self-awareness," accessed February 24, 2020, https://dictionary.apa.org/self-awareness.

(70) APA Dictionary of Psychology, s.v. "self-regulation," accessed February 24, 2020, https://dictionary.apa.org/self-regulation.

(71) APA Dictionary of Psychology, s.v. "motivation," accessed February 24, 2020, https://dictionary.apa.org/motivation.

(72) APA Dictionary of Psychology, s.v. "empathy," accessed February 24, 2020, https://dictionary.apa.org/empathy.

(73) APA Dictionary of Psychology, s.v. "social skills," accessed February 24, 2020, https://dictionary.apa.org/social-skills.

(74) Moshe Zeidner et al., "Development of Emotional Intelligence: Towards a Multi-Level Investment Model," *Human Development* 46, no. 2–3 (2003): 69–96, https://doi.org/10.1159/000068580.

(75) Mick Cooper et al., *The Handbook of Person-Centred Psychotherapy and Counselling* (Victoria, Australia: Macmillan International Higher Education, 2013).

(76) Daniela Rocha Lopes, Kees van Putten, and Peter Paul Moormann, "The Impact of Parental Styles on the Development of Psychological Complaints," *Europe's Journal of Psychology* 11, no. 1 (February 27, 2015): 155–68, https://doi.org/10.5964/ejop.v11i1.836.

(77) K. Jones, M. Brewster, and J. Jones, "The Creation and Validation of the LGBT Ally Identity Measure," *Psychology of Sexual Orientation and Gender Diversity* 1, no. (2014): 181–195, https://doi.org/10.1037/sgd0000033.

(78) "Gender Pay Gap Statistics for 2020," *PayScale* (blog), accessed August 2, 2020, https://www.payscale.com/data/gender-pay-gap.

(79) 同上。

(80) U.S. Census Bureau, "Gaps in the Wealth of Americans by Household Type," accessed August 2, 2020, https://www.census.gov/library/stories/2019/08/gaps-in-wealth-americans-by-household-type.html.

(81) Drew Desilver and Kristen Bialek, "Blacks, Hispanics Face Mortgage Challenges," *Pew Research Center* (blog), accessed October 4, 2020, https://www.pewresearch.org/fact-tank/2017/01/10/blacks-and-hispanics-face-extra-challenges-in-getting-home-loans/.

(82) Kristin Bialik, "For the Fifth Time in a Row, the New Congress Is the Most Racially and Ethnically Diverse Ever," *Pew Research Center* (blog), February 8, 2018, https://www.pewresearch.org/fact-tank/2019/02/08/for-the-fifth-time-in-a-

row-the-new-congress-is-the-most-racially-and-ethnically-diverse-ever/.

(83) LaGarrett J. King, "The Status of Black History in U.S. Schools and Society," *Social Education*, n.d., 5.

(84) Christopher Ingraham, "Black Men Sentenced to More Time for Committing the Exact Same Crime as a White Person, Study Finds," *Washington Post*, November 16, 2017, https://www.washingtonpost.com/news/wonk/wp/2017/11/16/black-men-sentenced-to-more-time-for-committing-the-exact-same-crime-as-a-white-person-study-finds/.

(85) U.S. Centers for Disease Control and Prevention, "Communities, Schools, Workplaces, & Events," April 30, 2020, https://www.cdc.gov/coronavirus/2019-ncov/community/health-equity/race-ethnicity.html.

(86) Boele De Raad, *The Big Five Personality Factors: The Psycholexical Approach to Personality* (Ashland, OH: Hogrefe & Huber Publishers, 2000).

(87) "Big Five Personality Test," accessed April 5, 2020, https://openpsycho metrics.org/tests/IPIP-BFFM/.

(88) Maud Purcell, "The Health Benefits of Journaling," *PsychCentral*, July 29, 2020, https://psychcentral.com/lib/the-health-benefits-of-journaling.

(89) American Psychological Association, *APA Guidelines for Psychological Practice with Boys and Men* (Washington, DC: American Psychological Association, Boys and Men Guidelines Group, 2018).

(90) APA, *APA Guidelines for Psychological Practice with Boys and Men.*

(91) Kristin D. Neff, Kristin L. Kirkpatrick, and Stephanie S. Rude, "Self-Compassion and Adaptive Psychological Functioning," *Journal of Research in Personality* 41, no. 1 (February 1, 2007): 139–54, https://doi.org/10.1016/j.jrp.2006.03.004.

(92) Kristin D. Neff and Roos Vonk, "Self-Compassion Versus Global Self-Esteem: Two Different Ways of Relating to Oneself," *Journal of Personality* 77, no. 1 (2009): 23–50, https://doi.org/10.1111/j.1467-6494.2008.00537.x.

(93) IFS Institute, "The Internal Family Systems Model Outline," accessed October 4, 2020 from https://ifs-institute.com/resources/articles/internal-family-systems-model-outline.

(94) Esther L. Meerwijk and Jae M. Sevelius, "Transgender Population Size in the United States: A Meta-Regression of Population-Based Probability Samples," *American Journal of Public Health* 107, no. 2 (February 2017): e1–8, https://doi.org/10.2105/AJPH.2016.303578.

(95) Sharon Smith et al., "National Intimate Partner and Sexual Violence Survey: 2015 Data Brief — Updated Release" (Atlanta, GA: National Center for Injury Prevention and Control Centers for Disease Control and Prevention, 2018),

https://www.cdc.gov/violenceprevention/pdf/2015data-brief508.pdf.

(96) Liz Plank, "Most Perpetrators of Sexual Violence Are Men, so Why Do We Call It a Women's Issue? — Divided States of Women," *Divided States of Women*, November 2, 2017, https://www.dividedstatesofwomen.com/2017/11/2/16597768/sexual-assault-men-himthough.

(97) Richard Weissbourd , and Alison Cashin, "5 Ways Parents Can Help Kids Understand Consent and Prevent Sexual Assault," *The Washington Post*, October 16, 2018, https://www.washingtonpost.com/lifestyle/2018/10/16/ways-parents-can-help-kids-understand-consent-prevent-sexual-assault/.

(98) Peggy Orenstein, "The Miseducation of the American Boy," *The Atlantic*, December 20, 2019, https://www.theatlantic.com/magazine/archive/2020/01/the-miseducation-of-the-american-boy/603046/.

(99) Kim Parker, Juliana Horowitz, and Renee Stepler, "Americans See Different Expectations for Men and Women," *Pew Research Center*, December 5, 2017, https://www.pewsocialtrends.org/2017/12/05/americans-see-different-expectations-for-men-and-women/.

(100) Perry Undem, "The State of Gender Equality for U.S. Adolescents," *Plan International*, September 12, 2018, https://www.planusa.org/docs/state-of-gender-equality-2018.pdf.

(101) Perry Undem, "The State of Gender Equality for U.S. Adolescents."

(102) Peggy Orenstein, "The Miseducation of the American Boy."

(103) Dakin Andone, "Girls Can Join the Boy Scouts Now — But Not Everyone Is Happy about It," *Cable News Network*, February 1, 2019, https://www.cnn.com/2019/02/01/us/boy-scouts-girls-trnd/index.html.

(104) Perry Undem, "The State of Gender Equality for U.S. Adolescents," 6.

(105) Sarah Rich, "Today's Masculinity Is Stifling," *The Atlantic*, June 11, 2018, https://www.theatlantic.com/family/archive/2018/06/imagining-a-better-boyhood/562232/.

(106) Sarah Rich, "Today's Masculinity Is Stifling."

(107) WGB Staff, "Does Food Have a Gender?" *Winsight Grocery Business*, March 3, 2020, https://www.winsightgrocerybusiness.com/products/does-food-have-gender.

(108) 同上。

(109) 同上。

(110) 同上。

(111) 同上。

(112) 同上。

(113) 同上。

(114) Peggy Orenstein, "The Miseducation of the American Boy."

(115) 同上。

(116) Katie Hoeppner, "Standing Up to the Man: How Three Female Attorneys Fought Back Against Rampant Sexism at a New Mexico District Attorney's Office." *ACLU*, May 30, 2019, https://www.aclu-nm.org/en/news/standing-man-how-three-female-attorneys-fought-back-against-rampant-sexismnew-mexico-district.

(117) Peggy Orenstein, "It's Not That Men Don't Know What Consent Is," *The New York Times*, February 23, 2019. https://www.nytimes.com/2019/02/23/opinion/sunday/sexual-consent-college.html.

(118) 同上。

(119) Richard Weissbourd, Trisha Ross Anderson, Alison Cahsin, and Joe McIntyre. "The Talk: How Adults Can Promote Young People's Healthy Relationships and Prevent Misogyny and Sexual Harassment," *Making Caring Common Project*, n.d., 3, https://static1.squarespace.com/static/5b7c56e255b02c68365 9fe43/t/5bd51a0324a69425bd079b59/1540692500558/mcc_the_talk_final.pdf.

(120) Richard Weissbourd and Alison Cashin, "5 Ways Parents Can Help Kids Understand Consent and Prevent Sexual Assault."

(121) Planned Parenthood, "Sexual Consent," n.d. https://www.plannedparenthood.org/learn/relationships/sexual-consent. Used with permission.

(122) Paul Bergman, "Assault, Battery, and Aggravated Assault," *NOLO blog*, n.d. https://www.nolo.com/legal-encyclopedia/assault-battery-aggravatedassault-33775.html.

(123) Richard Weissbourd et al., "The Talk: How Adults Can Promote Young People's Healthy Relationships and Prevent Misogyny and Sexual Harassment."

(124) Robert Weiss, "The Prevalence of Porn," *Psych Central*, March 28, 2019, https://blogs.psychcentral.com/sex/2013/05/the-prevalence-of-porn/.

(125) Ann Swidler, "Culture in Action: Symbols and Strategies," *American Sociological Review* (1986): 273–286.

(126) Common Sense Media. "The Common Sense Census: Media Use by Tweens and Teens," October 28, 2019, 3. https://www.commonsensemedia.org/sites/default/files/ uploads/research/2019-census-8-to-18-full-report-updated.pdf.

(127) Common Sense Media, "The Common Sense Census: Media Use by Tweens and Teens."

(128) 同上。

(129) Peggy Orenstein, *Boys & Sex: Young Men on Hookups, Love, Porn, Consent,*

and *Navigating the New Masculinity* (New York: Harper, an Imprint of Harper-Collins Publishers, 2020).

(130) L. Takeuchi, and Reed Stevens, *The New Coviewing: Designing For Learning Through Joint Media Engagement* (New York: The Joan Ganz Cooney Center at Sesame Workshop, 2011), https://www.joanganzcooneycenter.org/wp-content/uploads/2011/12/jgc_coviewing_desktop.pdf.

(131) P. M. Valkenburg, M. Krcmar, A. L. Peeters, and N. M. Marseille, "Developing a Scale to Assess Three Styles of Television Mediation: 'Instructive Mediation,' 'Restrictive Mediation,' and 'Social Coviewing,'" *Journal of Broadcasting & Electronic Media* 43, no. 1 (1999): 52–66.

(132) Takeuchi, "The New Coviewing."

(133) Melissa Morgenlander, "Adult-Child Co-Viewing of Educational Television: Enhancing Preschoolers' Understanding of Mathematics Shown on Sesame Street," *ProQuest LLC* (2010): 1–147.

(134) Takeuchi, "The New Coviewing," 12.

(135) Sonia Livingstoneand Ellen J. Helsper, "Parental Mediation of Children's Internet Use," *Journal of Broadcasting & Electronic Media* 52, no. 4 (2008): 581–599.

(136) Takeuchi, "The New Coviewing," 11.

(137) Education Is Our Best Friend. "Who's Piloting the Plane?" November 4, 2014. https://educationisthebestfriend.wordpress.com/2014/11/04/whos-piloting-the-plane/.

(138) Lane Beckes, James A. Coan, and Karen Hasselmo, "Familiarity Promotes the Blurring of Self and Other in the Neural Representation of Threat," *Social Cognitive and Affective Neuroscience* 8, no. 6 (2013): 670–677, https://doi.org/10.1093/scan/nss046.

(139) Jamil Zaki, "Making Empathy Central to Your Company Culture," *Harvard Business Review*, May 30, 2019, https://hbr.org/2019/05/making-empathy-central-to-your-company-culture.

(140) Michele Borba, *Unselfie: Why Empathetic Kids Succeed in Our All-About-Me World* (New York: Touchstone, 2016).

(141) Making Caring Common, "For Families: 5 Tips for Cultivating Empathy," accessed June 13, 2020, https://mcc.gse.harvard.edu/resources-for-families/5-tips-cultivating-empathy.

(142) Sara H. Konrath, Edward H. O'Brien, and Courtney Hsing, "Changes in Dispositional Empathy in American College Students Over Time: A Meta-Analysis," *Personality and Social Psychology Review* 15, no. 2 (2011): 180–198, https://

doi.org/10.1177/1088868310377395.

（143）Jessica Joelle Alexander, *The Danish Way of Parenting: What the Happiest People in the World Know about Raising Confident, Capable Kids* (East Rutherford: Penguin Publishing Group, 2016).

（144）Jennifer S. Mascaro et al., "Child Gender Influences Paternal Behavior, Language, and Brain Function," *Behavioral Neuroscience* 131, no. 3 (June 2017): 262–73, https://doi.org/10.1037/bne0000199.

（145）Human Rights Campaign, "Sexual Orientation and Gender Identity Definitions," accessed April 3, 2020, https://www.hrc.org/resources/sexual-orientation-and-gender-identity-terminology-and-definitions/.

著者紹介

ボビー・ウェグナー（Bobbi Wegner, PsyD）

　ハーバード大学教育大学院の講師、Boston Behavioral Medicine（ボストン行動療法センター）の臨床心理学者スーパーバイザー、作家、講師、ならびに、実際の親への専門家によるサポートを提供するバーチャルプラットフォームの共同設立者。現代文化における男の子の子育てのテーマでTEDxトークに三度出演。同テーマについての執筆も多い。また自身の3人の子ども（2人は男の子）の子育てを通して多くのリサーチを行っている。

訳者紹介

上田勢子（うえだ　せいこ）

　東京生まれ。慶應義塾大学文学部社会学科卒。1979年より米国カリフォルニア州在住。主な訳書に『イラスト版　子どもの認知行動療法』シリーズ全10巻、『LGBTQってなに？』『見えない性的指向　アセクシュアルのすべて――誰にも性的魅力を感じない私たちについて』『第三の性「X」への道――男でも女でもない、ノンバイナリーとして生きる』『ノンバイナリーがわかる本――heでもsheでもない、theyたちのこと』（以上、明石書店）、『わたしらしく、LGBTQ』全4巻、『教えて！哲学者たち――子どもとつくる哲学の教室』（以上、大月書店）、『レッド――あかくてあおいクレヨンのはなし』『4歳からの性教育の絵本――コウノトリがはこんだんじゃないよ！』『8歳からの性教育の絵本――とってもわくわく！するはなし』（以上、子どもの未来社）などがある。2人の息子が巣立った家に、現在は夫と1匹のネコと暮らしている。

フェミニスト男子の育て方
——ジェンダー、同意、共感について伝えよう

2023 年 7 月 31 日　初版第 1 刷発行

著　者　　　ボビー・ウェグナー
訳　者　　　上　田　勢　子
発行者　　　大　江　道　雅
発行所　　　株式会社明石書店
〒 101-0021 東京都千代田区外神田 6-9-5
電　話　03（5818）1171
ＦＡＸ　03（5818）1174
振　替　00100-7-24505
http://www.akashi.co.jp
装丁　　　清水 肇（prigraphics）
印刷・製本　モリモト印刷株式会社

ISBN978-4-7503-5612-9
（定価はカバーに表示してあります）

〈価格は本体価格です〉